LA
VÉRITÉ-RACHEL.

Examen du talent

DE LA PREMIÈRE TRAGÉDIENNE DU THEATRE-FRANÇAIS.

**Pour servir à l'histoire de la scène,
à l'étude des artistes dramatiques, aux réflexions des
journalistes, et à l'intérêt des gens du monde.**

Par Charles Maurice.

Mademoiselle Rachel est un principe.

LA CAMARADERIE.

PRIX : 1 FR. 25

PARIS
CHEZ LEDOYEN, LIBRAIRE-ÉDITEUR,
PALAIS-NATIONAL, GALERIE D'ORLÉANS, 31
Et chez les Marchands de Nouveautés.

—

1850

DÉDICACE.

JEUNES GENS ,

Voilà un écrit, il n'appartient qu'à vous d'en faire un livre.

CHARLES MAURICE.

A l'Autheur du Courrier des Théâstres,

De l'île des Lanternes, le 30 mai 1850.

Amy Carolus,

Ie voy que vous auez soubvenance du tour que
ie iouai, au subject de ses moutons, a ce marchant
Dindenault, lequel mescoutoyt lui dire : « Vous
» scanez bien trupher des paoures gens. » Voicy le
pourquoy. Ce trupheur ne cessoyt de recrier :

« Ce sont moutons à grande laine ! Jason y print
» la toyson d'or ! l'ordre de la maison de Bourguoi-
» gne en feut extraict ! Moutons de Leuant, moutons
» de haulte fustaye, moutons de haulte gresse !.....
» Robins ! robins ! ô la belle voix !.... De la toyson
» de ces moutons seront faicts les fins drapz de
» Rouen ! Les louchetz des balles de Livourne, ont,
» pris d'elle, ne sont que bourre ! De la peau, se-
» ront faicts les beaulx marroquins, lesquels on
» vendra pour marroquins turquins ou de Montéli-
» mart, ou de Hespaigne, pour le pire !... La chair
ɪ en est tant délicate, tant saoureuse et tant friande

» que c'est basme !... Ce sont moutons extraicts de
» la propre race de celluy qui pourta Phrixus et
» Hellé par la mer dicte Hellesponte ! etc. etc. etc. »

Tous élogieux dictons, clamant et gosillant que
les oreilles en estoyent rudoyées par vacarme et
outrecuidance, sans que le vray en receust contentement, me causearent fâscherie si grande que iem-
poignai par l'eschyne uug des moutons, *le plus ca-
racollant*, et ie le « iectai en plaine mer, criant et
» bellant. Tous les aultres moutons, crians et bel-
» lans en pareille intonation, commencearent soy
» iecter et saulter en mer aprez a la file. La foulle
» estoyt a qui premier y saulteroyt aprez leur com-
» paignon. Possible ne estoyt les en garder, tous-
» iours suyure le premier, quelque part que il aille. »

Bestes, depuis, ont engeindré, et iai ouï dire que,
de par vostre monde, moutons crians et bellans, de
resaulter à la file, compaignons par compaignons !
Empeschez-les, amy Carolus, et montrez que « Aris-
» toteles dict bien, au *lib.* 9 *de Histor. anim*, quand
» il dict : « MOUTON EST LE PLUS SOT ET INEPTE ANI-
» MANT DU MONDE.

Sera chose de sens, bonne, serviable et de con-
gratulation a tousiours. Faictes-la, sans soucy ni
malice de horions par becs et plumes, qui tant plus
demonstreront vostre raison et le grand service de
l'object.

Pour tous honnêstes gens, menteries et hâbleries
sont tousiours corvéables et taillables à mercy. Les

ruminans et biendisants auront le faict a haulte estime et moult recognoissance.

Nostre maistre Rabelais vous baise en vray curé
de Meudon. Il me donne charge de vous dire que
beny serez des bons, si, pour guérison de la clave-
lée de l'esprit, vous pouvez retenir au dehors du
grand troupeau et mettre dans leur droit chemin

les *Moutons de*

PANURGE.

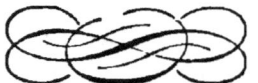

LA VÉRITÉ-RACHEL.

LA CAMARADERIE.

Une énormité s'est accomplie en nos jours. Ce n'était pas assez que la Critique eût abdiqué, événement si fatal! Il a fallu qu'elle passât dans les rangs de la tourbe, et qu'on pût lui crier avec raison : *à bas la Claqueuse!*

C'est la plus lamentable de nos infortunes littéraires.

Intarissable dans ses imaginatives, la Camaraderie s'est évertuée à son aise, en l'absence des censeurs légitimes. Elle n'a pas craint d'outrager, à la fois, la majesté de l'art et le bon sens dont sont animées les masses, en s'écriant :

Mademoiselle Rachel est un principe!

Certes, Cathos, des *Précieuses Ridicules*, rendrait pleine justice à cette courageuse assertion, en lui appliquant ce qu'elle dit de l'impromptu de Mascarille : « *Je n'ai encore rien vu de cette force-là.* »

Un principe! D'où vient? Mais écoutons :

« Mademoiselle Rachel est le pivot sur lequel »gravite, depuis plusieurs années, *toute la fortune*

» de la Comédie-Française ; c'est, aujourd'hui plus
» que jamais, UN PRINCIPE. En elle *se personnifie* le
» théâtre..... »

Cette incarnation du théâtre en une femme, dont
le savoir est si fort en deça de ce qu'il apprend à
connaître, témoigne d'un curieux besoin de flagor-
nerie. Encore eût-il fallu, pour en appuyer l'intré-
pidité, tâcher de prouver, par deux mots de rai-
sonnement, que l'entourage de mademoiselle Rachel n'est propre qu'à lui donner les répliques, et
que l'ère nouvelle, l'ère heureuse de notre première scène, date, nommément, du jour où le ciel a
fait pleuvoir cette manne pour nourrir ses habi-
tants dans le désert.

Entraînée par cette belle décision vers les consé-
quences de l'axiome *abyssus abyssum invocat*, la
railleuse n'a pas craint d'ajouter :

« Se priver de son puissant secours, ce serait
» renoncer à l'existence, à l'avenir. »

Donc, *principe, pivot, personnification, secours,
existence, avenir*, tout se résume, pour le Théâtre-
Français, en cette demoiselle, qui, lors de ses premiers essais, voulait s'élever jusqu'à mademoiselle
Plessy ! Ainsi l'avait dit mademoiselle Rachel au
moment où, se préparant à son intronisation sur
cette scène, elle exprimait ses alarmes et faisait
confidence de ses plus ambitieux désirs.

On conviendra qu'en publiant, à de nombreux
milliers d'exemplaires, de semblables hérésies, dame

Camaraderie a poussé un peu loin l'abus des vingt-cinq lettres de l'alphabet.

Toutefois, puisque le point de départ est ainsi déterminé, puisqu'en prenant pour texte d'une admonestation générale, le talent le plus considérable en réputation, le plus élevé en dignités, celui sur lequel se concentrent, avec le plus d'apparentes raisons, les bravos d'une assemblée *choisie* et les exclamations des louangeurs, c'est le plus assuré moyen de servir utilement et d'être entendu, je l'accepte.

Raisonner d'après un *principe*, quoi de mieux pour trouver la vérité?

Il n'est pas impossible, d'ailleurs, que, de ce foyer, jaillissent quelques lueurs sur d'autres points. Du grand, au petit, si le domaine de l'art ne se couvre pas tout de suite de convertisseurs, il suffira, en attendant mieux, qu'il recèle assez de convertis pour se persuader, en catéchisant autrui, que l'éloge immodéré a fait son relai, et qu'aujourd'hui, avant d'admirer des talents quelque part, il faut d'abord s'assurer qu'ils y sont.

C'est tout le théâtre à reconstruire avec ses propres ruines.

Le premier qui a trouvé des taches au soleil a dû s'attendre à de vives contradictions; il était bien naturel que le roi des astres eut d'innombrables défenseurs de sa magnificence. *Nec pluribus impar*. Mais la vérité venant à frapper tous les regards, force fut de l'admettre et de savoir gré au chercheur patient et bien intentionné, d'une découverte favorable aux progrès de la science.

Et le talent de mademoiselle Rachel n'est rien moins qu'un soleil.

Il a des prôneurs, des partisans, des avocats, des procureurs, etc. Tant mieux.

« *Attaquez les forts*, m'a dit Geoffroi. C'est par » là que tout écrivain périodique doit signaler sa » présence dans l'arène. Voyez! je me prends à » Talma, et j'aurai raison des adulations fades dont » il est, à tout propos, l'objet; ce qui lui rendra » beaucoup plus service et m'en fera un ennemi plus » honorable que les amis pour lesquels j'ai trop d'in- » dulgence. «Puis, montrant sa tabatière : «présentez- » la, dit-il, à plusieurs personnes réunies. Laissez- » les vanter ce que chacune y voit de bien; et, quand » le plus grand nombre sera d'accord pour n'y rien » trouver à redire, reprenez-la, montrez-en les dé- » fauts, discutez-les, opposez votre avis raisonné à » l'opinion des gens qui reçoivent la leur toute faite, » et vous aurez bientôt l'avantage.» Je m'en souviens.

Qui eût dit à mademoiselle Rachel, qu'un jour, dans une comparaison, elle ne tiendrait pas plus de place qu'une tabatière !

Je ne crois pas avoir souvent oublié cette recommandation du maître. Est-ce ma faute, s'il a fallu quelquefois *grêler sur le persil*? Dans cette forêt-là, les chênes sont si rares !

Nous allons voir si, comme le prétendent la Camaraderie, le Puff, la Réclame et les Faiseurs, il s'y trouve un cèdre du Liban.

HISTOIRE PRÉLIMINAIRE

Les premiers temps de notre héroïne importent peu à l'explication morale de l'état qu'elle tient aujourd'hui. Je passerai rapidement sur eux, ne voulant pas faire une *biographie*, mais bien un ouvrage didactique; en un mot, une *étude d'art*.

On l'appelait alors Elisa-Félix, fille d'un père dont le sang était mêlé de globules dramatiques, que lui-même ne soupçonnait pas. Ce nom d'Elisa leur paraissant vulgaire et trop dépourvu de l'euphonisme qui facilite parfois les réputations, on décida que l'actrice en herbe prendrait celui de Rachel. Le conseil en fut donné par la circonstance du grand succès de *la Juive*, précisément une sœur en religion dont l'Opéra venait de s'enrichir. Innocent larcin qu'autorise l'usage du théâtre et qu'a ratifié l'opinion publique en élevant ensemble les deux Rachel au-dessus de leurs rivales, mais en laissant à celle de la rue Lepelletier Isabelle et Valentine pour désespérants modèles.

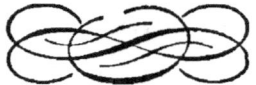

LES COMMENCEMENS.

Le rejeton numéro 2 des Félix était, à cette époque, une espèce d'enfant, venue de très loin, de ces régions où, rarement, le Dieu des arts va chercher ses adeptes, parce qu'il leur demande, avant tout, le pressentiment de son culte, la haine des habitudes qui dégradent, quelque penchant vers l'éducation et la secrète envie de justifier un jour le choix qu'il a fait d'eux. Cependant il avait parlé, et son oracle, tout puissant à la Salle-Molière, rue Saint-Martin, comme il l'était au temple de Delphes, dans la Phocide, dut être obéi.

Un grand-prêtre, du nom de Saint-Aulaire, occupait la chaire dans cette succursale ignorée. Il y reçut l'enfant, s'en servit et ne la sentit pas. Au lieu de choyer ses dispositions, en suppléant par de bons avis, à ce que l'instruction première avait oublié, il leur imposa un pénible vagabondage dans tous les *emplois*. Il voulut que l'écolière se familiarisât par la répétition, d'autres disent par la représentation, même avec les rôles d'hommes. Idée parfaite pour affecter les moyens naissants de la jeune fille, briser sa voix et faire contracter à sa personne des habitudes de scène propres à étouffer tous les germes. Que dirait-on d'une demoiselle qui, pour apprendre à dessiner, commencerait par faire des armes? La nature fut heureusement plus forte que l'intention du professeur. Guidée par le Dieu qui l'agitait, et marchant aux clartés de son étoile, la néophyte réussit assez pour que l'on vînt à parler un peu d'elle.

J'allai la voir pendant une matinée où cette *Ecole* donnait une représentation d'*Esther*. Je trouvai, sous le diadême et sous le manteau rouge de Babin, les plus humbles des précurseurs, un demi-enfant, déjà pourvue d'un aplomb fâcheux quand il est si précoce, de cette confiance qui promet beaucoup moins que le trouble de la timidité, et d'une présence d'esprit telle, que tout en parlant à sa confidente, l'épouse d'Assuérus mettait de l'ordre entre les quelques filles d'Israël dont se composait sa suite. Rien dans cette exhibition ne me parut phénoménal. Mais plusieurs remarques me donnèrent à penser que si la commençante devenait un jour tragédienne, le *métier* qui l'aurait déflorée, laisserait dans son cœur bien peu de place pour la culture de l'*art*.

Mademoiselle Rachel a aussi traversé le Conservatoire; mais cela doit nous être parfaitement égal.

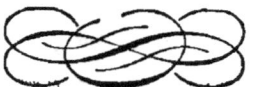

PREMIER DÉBUT.

Les circonstances pressaient et les temps étaient mauvais. Une occupation fut jugée nécessaire à l'impatience de la future actrice. Le Gymnase-Dramatique, administré par M. Delestre-Poirson, ouvrit sa porte à mademoiselle Rachel. *La Vendéenne* parut, tomba et la débutante avec elle. Le public n'ayant pas trouvé l'occasion de séparer l'une de l'autre, se tint les deux chûtes pour dites.

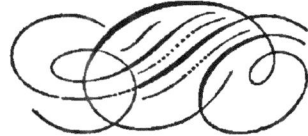

PRÉSENTATION.

M. Jouslin de la Salle administrait le Théâtre-Français. Sollicité par les parents de mademoiselle Rachel, Saint-Aulaire se décida enfin à la présenter au directeur, qui l'attendait. Ce dernier admit sa recommandée à une audition en petit comité. Il y convoqua mademoiselle Mars et M. Samson. Dès les premiers mots, tous trois reconnurent, sous la palpitation du sentiment tragique, la totale ignorance des éléments de la langue, des règles de la prosodie, de la mesure du vers et même des nécessités de la rime. Tout était à faire et à refaire. On arrêta que Samson se chargerait d'ôter le plus gros dans ce sédiment regrettable, afin de mettre, aussitôt que possible, le sujet en état de débuter. Mademoiselle Mars témoigna un vif intérêt pour la *petite*. Sur l'observation relative à ce dernier mot, elle rappela feue mademoiselle Maillart, dont la taille avait besoin d'addition, et répondit comme un augure : « *Rachel grandira.* » M. Jouslin de la Salle adressa au Ministre de l'Intérieur un rapport, d'après lequel M. Thiers accorda, avec sa grâce et son empressement accoutumés, un encouragement de douze cents francs à mademoiselle Rachel. C'était l'entrée de jeu pour la grande partie qui devait se continuer sur les placers de la Californie.

SECOND DÉBUT.

Dans ces entrefaites, l'administration changea de mains. De Caissier qu'il était au Théâtre-Français, M. Védel s'éleva, hors de tour, au grade de Directeur. C'était aussi par rang d'ancienneté, car il avait jadis joué la tragédie sur ces planches devenues son épave. Avec lui, une bifurcation dramatique s'établit entre le premier et le second théâtre; la troupe de la rue de Richelieu desservit, en même temps, sa salle et celle de l'Odéon. La spéculation réussissant mal, et mademoiselle Rachel étant prête, on résolut de la produire d'abord au faubourg Saint-Germain, tant pour ménager quelques susceptibilités de coulisses, que pour juger des risques possibles sur l'autre scène. Plusieurs représentations en décidèrent; il y eut succès, succès tranquille, mais suffisant pour que la débutante pût traverser le fleuve sans trop d'inquiétude.

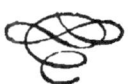

A QUI EST-ELLE ?

Sept, parmi les villes antiques, se sont disputé
la gloire d'avoir donné le jour au chantre de *l'Iliade*;
Smyrne et Chio ont appuyé leurs réclamations sur
des titres qui doivent resserrer le débat entre elles
deux, et, pourtant, l'histoire doute encore. La que-
relle sera plus promptement vidée entre les quatre
prétendants à la première rencontre de mademoiselle Rachel, considérée comme espoir d'un brillant
avenir. Saint-Aulaire, Delestre-Poirson, Jouslin de
la Salle et Védel lutteraient en vain dans la posté-
rité. Le véritable explorateur sera celui dont le
coup d'œil perspicace a compris, quoique un peu
tard, l'utile emploi du roseau battu par tous les
vents, la vocation positive de la créature hésitant
sur le chemin, alors même que son bon génie l'y
avait charitablement conduite. Donc, au point de
vue de la trouvaille, c'est à M. Delestre-Poirson
qu'il est juste de l'attribuer, puisque, jusqu'à lui,
on a vu Saint-Aulaire faisant clapoter la jeune fille
dans les flaques d'un obscur spectacle, sans se douter du parti que l'art pouvait en tirer, et qu'immédiatement après le *fiasco* du Gymnase, l'entrepre-
neur conseilla le Théâtre-Français à mademoiselle
Rachel. *Suum cuique.*

Christophe Colomb, console-toi dans la tombe,
tu n'auras pas d'Améric-Vespuce pour te voler ta
découverte !

TROISIÈME DÉBUT.

Tout à coup, l'affiche du Théâtre-Français annonce *Horace* avec mademoiselle Rachel, pour le rôle de Camille. C'était en juin 1838. Nulle rumeur dans la ville, rien qui décèle une simple émotion de curiosité. Dans la salle, fauteuils et banquettes disent les douceurs de la sieste, auxquelles se livrent les buralistes. Au parterre, siègent, en nombre raisonnable, d'honnêtes descendants d'Abraham qui paraissent vouloir célébrer une autre cérémonie que le Sabat. Tout respire la décence. Le rideau se lève, et la représentation s'écoule sans qu'il s'y manifeste le moindre signe de tempêtes à venir.

A peu de jours de là, *Andromaque* succède. Une Hermione en miniature, portant la tunique avec une aisance plus remarquée, jouant de bonne foi la passion dont elle s'est mieux informée, maniant l'ironie avec l'habileté d'une vraie femme, est là qui fascine les yeux et subjugue l'esprit. Le charme de sa voix, la justesse de ses intentions frappent de plaisir et d'étonnement l'auditoire, soutenu dans son enthousiasme par une salle où la Judée compte de nombreux représentants, et voilà le succès lancé! Les tambours battent aux champs, les trompettes sonnent leurs plus éclatantes fanfares, la vogue accourt... mademoiselle Rachel va traîner tout Paris à son char de triomphe!

Il y avait de l'engouement, mais aussi de la justice.

LES CAUSES.

Les avantages qu'en a retirés *la tragédienne*, l'é-
mulation qu'en ont ressentie *les artistes dramatiques*, et l'impression qu'en ont reçue *les gens du
monde* (toutes personnes à qui s'adresse cet Écrit)
veulent qu'on cherche ici les causes, puisque les
effets sont sans antécédents dans les fastes du théâ
tre. De précieux enseignements sont au fond de
tout cela. N'en faisons pas fi ! Ce serait mériter que
la scène, déjà si désolée, reçût les derniers coups
dont on menace son agonie. Agir sans penser, regarder sans voir, écouter sans entendre et ne pas
profiter des leçons de l'expérience, sont trois choses
qui ne laissent aucune distance entre l'homme et
la brute. Fouillons, au contraire, le sol des faits
accomplis; nous y trouverons le gîsement des idées
passées à l'état d'événement, et, dès lors, armées
de beaucoup plus d'autorité que les spéculatives.

Les causes exactes du long et retentissant succès
de mademoiselle Rachel ont-elles été, sont-elles
encore tellement inhérentes à sa nature, à ses travaux, à son organisation scénique, à ses qualités,
qu'on puisse les dire émanées d'elle seule, la conséquence indissoluble d'une supériorité avide de
progrès? Ou bien, par une incroyable accumulation
d'événements en dehors, d'auxiliaires de toute es-

pèce, de bonheurs inouïs, inconnus avant elle, et qu'après elle nulle autre ne reverra, la prédestinée des Félix s'est-elle trouvée enlacée dans un réseau d'or et d'airain qui la retenait, quoiqu'elle en eût, sous l'averse incessante de toutes les prédilections de la fortune?

Remontons.

1838 vit la continuation de nos rudes épreuves théâtrales. Talma et mademoiselle Duchesnois avaient cessé de vivre. La tragédie, livrée à toutes sortes d'impuissances, s'était vue contrainte à la retraite; on en chômait. Corneille se taisait, faute de truchements. Racine n'osait remuer dans son suaire, de peur de s'attirer quelque épithète d'un goût encore plus raffiné que celle dont il vous souvient. Voltaire était en disgrâce; et qui aurait osé parler de Crébillon, se serait exposé à toutes les aimables péripéties de la lapidation feuilletonnière.

Les Romantiques, maîtres de la position depuis une dizaine d'années, achevaient l'orgie de leur littérature rétrospective, qu'ils nous avaient donnée pour du *neuf*. Ils cuvaient le Falerne de leurs côteaux frappés de glace, en buveurs qui voient arriver les derniers restes de l'amphore.

Le Drame-*actuel*, ainsi nommé, sans doute parce qu'il nous reportait aux premiers âges, se pavanait sous ses lauriers, tout en les sentant glisser sur son front, à mesure que la raison publique reprenait son empire.

Les *Jeunes hommes* prenaient du ventre.

. La *perruque* classique commençait à se tenir plus
droite sur la tête de MONSIEUR *Despréaux*, quoique
ce titre de *monsieur* eût toujours la prétention
d'être une très spirituelle injure.

L'acteur Bocage disait : « *Grand-papa Talma* »
et riait.

Il y avait bien encore, dans l'attirail du théâtre,
pour seconder l'adultère, l'impiété, le juron et les
lieux communs d'une morale lascive, il y avait toujours des dagues de Tolède, des poisons, des contre-
poisons, des coffrets mystérieux, de fausses portes,
des doubles clés, des trapes et chausse-trapes, des
cheminées mécaniques, de vertueux scélérats, d'infâmes honnêtes gens, des vivants enterrés, des
morts ressuscités, et enfin tout ce que la poétique
du mélodrame primitif avait manipulé pour effrayer
les petits enfants de nos aïeux. Mais c'était autant
de boulets perdus, dont on se rit après la bataille.

La compression s'en allait finissant, et les bar-
bares organisaient leur fuite, en essayant de faire
bonne contenance.

. Ainsi que les hommes éclairés, la multitude sou-
pirait après une réaction qui balayât les avenues et
rappelât de l'exil les chefs-d'œuvre qu'une longue
privation nous rendait encore plus chers. A leur
défaut, tant le Public était las du dévergondage de
la scène, saturé des horreurs qu'on y avait entas-
sées, qu'il aurait, je crois, demandé qu'on le re-
conduisît à *monsieur le Soleil et madame la Lune,*

ces fortes conceptions de la Lanterne magique qui avaient émerveillé son berceau.

D'autres causes, que je dois écarter de mon sujet et dont l'influence s'ajoutait au désarroi de la littérature dramatique, appelaient une vigoureuse secousse, une diversion, quelle qu'elle fût.

A cette clameur de l'art déshonoré, mademoiselle Rachel répondit, escortée des grands hommes que nous regrettions tant, car il faut bien compter ces génies pour quelque chose dans cette restauration de l'art. Qu'elle s'en impute le bonheur, elle ne doit pas moins les admettre au partage de la gloire. Une autre l'eût pu faire, peut-être avec moins d'éclat, mais certainement avec autant de chances de réussite. Tels étaient le dégoût et la lassitude, qu'il aurait presque suffi de savoir passablement interpréter Mairet ou Campistron, les gens qui se noient s'accrocheraient à une barre de fer rouge. On avait faim d'ouvrages possibles, d'intentions irréprochables et qui fissent estimer leurs auteurs. Cette faim, mademoiselle Rachel et son illustre pléiade l'appaisèrent sans efforts. On avait soif de vers aisés, sonores et qui fussent des vers. Cette soif, ils étaient sûrs de l'étancher en puisant à l'Hippocrène.

Ces Classiques, tant décriés par ceux qui nous avaient promis de les remplacer, qu'on avait oubliés, disaient-ils, à force de les savoir, auxquels il était temps de substituer *autre chose* (sans dire ni montrer quoi); ces auteurs *finis*, dont les pièces ne pouvaient plus ni plaire, ni faire *un sou* de recette, fussent-elles défrayées par l'arrière-ban de tous les acteurs passés; ces rois découronnés, une émeute, l'arme d'une femme les a remis sur leur trône ! *Six* de leurs ouvrages ont suffi pour remplir la salle et soulever les applaudissements *pendant douze années consécutives,* avec *un seul* interprête d'acabit supérieur ! Elles n'ont fait que revenir, et le Romantique n'était déjà plus.

Nous comptons soixante chefs-d'œuvre. Lui, que laissera-t-il ?

Il y a là, ce me semble, un grave sujet de réflexions pour messieurs les novateurs..... à la mode de Cyrano-Bergerac, de Chapelain et de Scudéry.

Que dis-je? Le succès et la préférence durent encore. Les plus belles soirées du Théâtre-Français, les foules les plus compactes, les meilleurs applaudissements sont toujours les représentations, l'affluence et les bravos que suscite le répertoire classique. Sa marche, à lui, est régulière et fructueuse. Celle de l'autre, de ce répertoire que la pudeur permet quelquefois de nommer, est claudicante et d'un rapport incertain. Pourquoi cela? C'est parce qu'il faut au Public du bon goût seulement, pour suivre le premier, et qu'il en a toujours assez; tandis que le second est obligé de renouveler ses saturnales, pour que les oisifs se décident à y retourner, et qu'il en a toujours trop.

Je reviens au concours sans exemple des causes qui ont accueilli mademoiselle Rachel à son entrée au théâtre. On a vu que, sous le rapport de la situation littéraire et des dispositions du Public, rien ne manquait à l'applanissement des obstacles, ou, pour mieux dire, à l'entière certitude de ne rencontrer, à leur place, que facilités, complaisances, caresses, infatuations et délices.

Ah! que d'ordinaire les commencements de la vie d'artiste dramatique sont différents! Et pourquoi mademoiselle Rachel ne les a-t-elle pas connus?

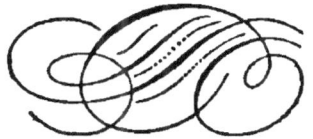

LES CLAQUEURS.

Je n'accuserai point l'avidité de ses désirs. Quelque insatiables qu'ils eussent été, il y avait, dans ces ovations inattendues et royales, de quoi satisfaire aux exigences les plus effrénées. Mais je dirai que l'engeance,

> présent le plus funeste
> Qu'ait pu faire à l'acteur la colère céleste,

ayant aussitôt envahi la salle, le tumulte, les cris, l'oppression et les airs de mauvaise compagnie se substituèrent aux plaisirs qu'on y allait chercher, à ce *comme il faut* qu'on y trouvait, et que le Théâtre-Français ne se ressembla plus. Pour l'inféoder en une seule personne, il n'est résolutions que les Claqueurs n'aient mises en œuvre. Le parterre tout entier et un nombre inusité de places dans l'enceinte, devinrent leur proie à chaque représentation de mademoiselle Rachel. Ils y sont encore, ces Phénix du scandale. Et comment les en expulser, ils renaissent de leurs pareils?

Jamais chasseurs à l'affut, chiens sur la piste, ni chats en embuscade ne se sont montrés plus vigilants, plus rusés, plus alertes que ces gens, obligés de guetter le jeu de mademoiselle Rachel, de prévoir, d'arrêter au passage, de saisir au vol et *d'enlever* les EFFETS dont ils supposent un mot, un

geste, un regard, un son de voix à peu près susceptibles. C'est le beau idéal de l'acharnement
sublustrien.

Gare au spectateur qui ne le partage pas! Il
sera honni, bousculé, et, après l'avoir voué aux
dieux infernaux, ils le jetteront aux mains des gar-
diens de la paix publique. Les battus paient l'a-
mende.

Attendez!

Là ne finit pas la persécution de leur dévouement. Nous avons encore l'hommage *libre et spon-
tané* de la salle tout entière et sans distinction, à
la fin des rôles joués par mademoiselle Rachel. En
conséquence, à peine le rideau baissé, un concert
éclate à voix pressées et oppressées, pour que les
spectateurs n'aient pas le temps de se refroidir et
qu'ils attribuent la requête au besoin de soulager
des âmes énormément émues. Alors mademoiselle
Rachel, qui ne s'attendait à rien, se sent fort im-
portunée d'être arrêtée sur le chemin de sa loge,
et elle reparaît d'un air aussi abattu que mécon-
tent. Ce qui veut dire : « *Je suis exténuée de la fa-
» tigue de mon rôle; mais, par bonté, je veux bien
» me rendre à vos vœux, pourvu que ça ne soit pas
» long. Bonsoir!* » Et elle regagne la cantonade
comme ferait Sémiramis expirante, poignardée par
Arsace. Cette parade, entre les deux pièces, a beau
se jouer très souvent, le public refuse toujours d'y
remplir le rôle de Cassandre.

Cependant, la possession de ces occupants n'est

rien moins que légitime. Cette armée est-elle là par droit de conquête? ou bien est-ce dans la noblesse de la naissance de ses chefs qu'elle croit trouver celui de l'asservissement qu'elle exerce? Non, car elle n'a rien conquis que le désordre, et, sans doute, l'eau du baptême républicain, qui coule depuis deux ans, a pénétré jusqu'à elle. Mais leurs phalanges n'ont-elles aucun compte à rendre à cet autre droit qu'on appelle *le droit des indigents*, auquel sont assujéties *toutes* les places de nos spectacles? N'est-ce pas le frauder que de s'emparer, par masses affranchies, de celles qui le rendraient productif, si elles étaient restituées à qui elles appartiennent?

D'honneur, je ne sais pas à quoi pense Mantoux.

Depuis douze ans, quel magnifique arriéré pour les pauvres !

Après cela, il y a peut-être un abonnement, une transaction amiable qui conserve le principe. Dans ce cas, mademoiselle Rachel ferait du bruit à prix fixe et avec garantie du gouvernement.

Pour l'honneur du parterre et pour la tranquillité publique, que ne réalise-t-on l'idée d'Hoffmann, l'ancien rédacteur des *Débats*, en inventant une *machine à claquer* dont les battoirs satisferaient les acteurs friands ; tandis que les juges dûment assermentés, reprendraient la place volée par les usurpateurs? Par un engrenage habile, la mécanique fonctionnerait à deux battants : en bas, les *claques* ; en haut, les *articles*. Le siècle est si industrieux !

LES JUIFS.

En est-ce assez de tous ces courtisans de la victoire? Pas encore. Une autre division arrive sur le terrain pour secourir celui qui est le plus fort. Les Co-religionnaires de la tragédienne, croyant l'honneur de leur temple intéressé à la perpétration de ses succès, ne l'ont pas quittée depuis ses débuts; ils la tiennent toujours en chartre-privée, sous l'étreinte de leurs amitiés de synagogue.

> Répandus au parterre, ils en couvrent la face.

C'est par condescendance qu'ils y admettent les hordes de chrétiens, dont voici les mystères particuliers, et que célèbrent avec eux les enfants de Jacob. Il s'agit de secrets perfectionnements introduits pour mademoiselle Rachel dans les manœuvres de cette grande armée; il ne faut pas qu'une personne de cette qualité soit confondue avec le commun des martyrs..... martyrs de la Claque.

Chaque escouade a sa besogne séparée. Le grand art est de la réunir au travail général, pour en composer l'étincelante mosaïque qu'on appelle *succès fou*, sans qu'on y remarque la différence des mains. Par la raison que les disparates sont défendues, l'harmonie de l'ensemble est obligée. Pour cela, on a institué *les Petits Hurleurs*, à cravate censée blanche, qui chargent les *dilettanti* italiens,

en jetant à l'actrice des *oh* ! des *ah* ! pleins d'amour,
accompagnés d'un renversement de corps qui singe
la pamoison. C'est comme si la victime disait : *C'est
trop beau, je me meurs* ! La nuance est insaisissable
entre eux et les serviteurs chargés des *murmures
harmonieux.* L'ouvrage est, pour ceux-ci, de fein-
dre l'interruption de la tragédienne et de céder avec
respect au bruissement des *chut*, soupirés par l'escouade des *Ecouteurs* la plus rapprochée de l'apparence d'un Public ; ils sont presque vêtus. Quelques-uns ont consenti à s'enrôler dans les *Enragés*
malgré le désagrément de l'appellation. Leur constitution doit paraître trop faible, et leur système
nerveux trop délicat pour supporter la colonne d'é-
lectricité qui fond sur eux du haut de la scène,
quand, de sa jolie petite main, mademoiselle Rachel
tourne la manivelle. Leur fonction consiste à s'exas-
pérer, avant la fin du second vers, à se débattre,
se lever, courir sur les genoux des voisins, dans la
direction de la porte, en s'écriant : *Je ne sais pas
comment on y tient. Laissez-moi sortir ou je mords
tout le monde* ! Le plus robuste tempérament ne
peut vaquer à l'épisode qu'une fois par soirée. Ça
se paie double.

D'autres ont pour mission de *faire le foyer.* Ils s'y
mêlent, pendant les entr'actes, aux spectateurs ; for-
mulent bien vite un jugement flatteur ; combattent
ceux qui ne le sont pas ; s'extasient sur des beau-
.tés que personne n'a remarquées ; comparent, à

son avantage, l'actrice présente à celles de toutes
les époques; invoquent l'intérêt en faveur d'une
santé chancelante et entrent adroitement dans des
détails de ménage, pour répondre aux calomnies
que l'envie et la méchanceté font courir. Ces émis-
saires obligeans sont choisis parmi les patriciens.
On en compte des plus huppés; sans parler de ceux
à qui l'auditeur dit mentalement : « Bon sang ne
» peut mentir. » Ça se paie triple.

UNE DÉPÊCHE.

La victoire est pour les gros bataillons.

Par communication officieuse, une dépêche qui
m'arrive à l'instant, sans toucher à l'économie du
système dont on vient de prendre connaissance, y
ajoute les agréments de l'organisation militaire. Les
colonnes d'Hercule sont dépassées.

D'après cela, l'art ni le talent n'ont que faire
dans le succès de mademoiselle Rachel. Ce succès
n'est plus qu'une question de recrutement, qui res-
sortit au Ministère de la guerre, avec les Conseils
de santé, de révision, et tout ce qui garantit à la
troupe un bon effectif, secondé par une grande
exactitude en fait de présence aux corps.

En voici le tableau, conforme, à peu de chose
près, aux dispositions de la loi de vendémiaire an VIII.

« Pour un rôle de tragédie classique. .   350 hommes

» Pour un rôle d'auteur tragique mort.   215   »

» Pour un rôle de tragique vivant. . .   530   »

» Pour un rôle de drame moderne. . . 1,860   »

» Pour un rôle de comédie actuelle. . . 1,280   »

» Pour un rôle de Molière, 4 hommes et un caporal.

» Il est enjoint aux officiers commandant les bataillons, les compagnies et les détachements, de disséminer les hommes dans la salle, de manière à ce que toutes les places aient leurs grands-gardes et leurs vedettes prêtes à se replier sur le parterre, où le corps d'opération doit toujours être massé.

» La réserve campera dans les maisons voisines.

» Les clairons se tiendront sur la porte, pour voir venir les officiers d'ordonnance, qui remettraient l'ordre de marcher au canon.

» Une fois en ligne, on serrera les coudes, mais sans nuire à la liberté des mouvements de l'avant-bras, régulateur de tous les temps de la manœuvre.

» Les cadres ne cesseront pas d'être au grand complet.

» Tous les gants dans les havre-sacs.

» La première infraction au précédent article, sera punie de huit jours d'Odéon, et la seconde de quinze jours; ou le boulet, au choix.

» Si des régiments devenaient nécessaires, etc. etc. etc. »

Et les gouvernements européens cherchent le modèle d'une bonne Constitution !

Sommes-nous au haut de l'échafaudage ? Pas tout à fait. Encore quelques échelons et nous arriverons à la partie didactique de cet opuscule, celle d'où nous plongerons successivement la vue sur tous les rôles de l'artiste, ce que je ne crains pas d'appeler mes preuves.

LES CASSOLETTES.

Restent, pour dernier renfort de générosité con-
testable, les cassolettes typographiques, dont la pé-
riodicité va semant l'éloge ébouriffant, mirobolant,
gigantesque, abracadabrant et supercoquentieux, du
centre aux extrémités, et des extrémités, aux en-
trailles de notre globe toujours en lecture. Humez-
en les vapeurs et vous serez de l'avis de la tragédienne, ainsi que de celui de ses *grands camarades*;
vous croirez que Dieu est revenu pour elle aux mi-
racles de l'Ecriture, et vous direz aussi : *mademoiselle Rachel est un principe.*

Et toi, absurdité, tu n'es pas un vain mot.

Maintenant, je le demande, eût-il été possible,
quand bien même on l'aurait voulu, de résister à la
force motrice d'une machine de fabrication si in-
génieuse, si habilement compliquée, à si haute
pression que toutes les atmosphères y contribuent;
qui poussait une femme de bonne volonté vers la
plage des succès fantastiques, où les précipices,
comblés par des fleurs, n'ont autour d'eux, pour cail-
loux et pierres de roches, que des diamants, des
perles, des rubis, des émeraudes et tout ce que
renferment les *Mille-et-une-Nuits* de plus sédui-
santes richesses, de plus enivrants prodiges? .

Ainsi maîtresse d'une position sans exemple,
c'est avec une recherche sans exemple que l'actrice

doit être jugée. Sinon, de l'équité, blessée par le manque de pondération distributive, résulterait une anomalie deux fois funeste à l'art du théâtre : mademoiselle Rachel, dévorant l'avenir, n'existerait plus pour le progrès , et les artistes dramatiques, privés d'égalité devant la loi commune, en même temps que de lumières, tomberaient, sans estime et découragés, jusqu'aux dégrés les plus infimes de la condition d'artisan.

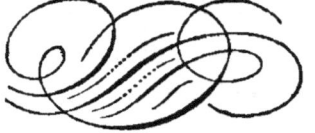

BAGAGE.

La récapitulation des rôles qu'a joués mademoiselle Rachel se compose comme il suit :

Dix-huit rôles de tragédies classiques de l'ancien répertoire ;

Deux des tragédies, d'auteurs modernes morts, qu'elle n'a pas établis, *Frédégonde*, et *Jeanne-d'Arc* ;

Huit de tragédies d'auteurs vivants, dont trois qu'elle n'a pas établis : *Marie-Stuart*, *Lucrèce* et *Tullie* (ces deux derniers dans la même pièce) ;

Deux de comédies de Molière ;

Quatre de comédies d'auteurs vivants, en comptant le Prologue de réouverture, dont trois établis par elle : *la Comédie-sérieuse*, *Lesbie* et *Adrienne Lecouvreur* ;

Et enfin, un dans le drame romantique.

En tout, trente-cinq rôles.

LES OUVRAGES SONT :

EN TRAGÉDIE :

Horace. — *Andromaque.* — *Cinna.* — *Mithridate.* — *Esther.* — *Tancrède.* — *Bajazet.* — *Nicomède.* — *Ariane.* — *Iphigénie en Aulide.* — *Le Cid.* — *Oreste.* — *Don Sanche d'Arragon.* — *Bérénice.* — *Polyeucte.* — *Phèdre.* — *Britannicus.* — *Athalie.*

Frédégonde et Brunehaut. — *Jeanne-d'Arc.*

Marie-Stuart. — *Judith.* — *Le Vieux de la Montagne.* *Catherine II.* — *Virginie.* — *Lucrèce.* — *Cléopâtre.*

EN COMÉDIE :

Tartufe, rôle de Dorine. — *Le Dépit amoureux*, rôle de Marinette. — *L'ombre de Molière*, rôle de la Comédie-sérieuse. — *Lesbie.* — *Adrienne Lecouvreur.* — *Mademoiselle de Belle-Isle.*

EN DRAME :

Angélo, tyran de Padoue, rôle de la Tisbé.

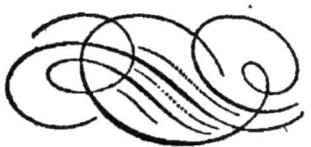

DISCUSSION.

ANCIEN REPERTOIRE.

On comprend que le ressassement de tout ce qui a été dit et redit sur nos chefs-d'œuvre, n'entre point dans les projéts de mes constatations. Il s'agit d'une analyse particulière, dans la forme et d'utilité générale, au fond, de l'*exécution des rôles* par mademoiselle Rachel, des fautes qu'elle y commet, des erreurs qu'elle y acclimate, encouragée par des pervertisseurs de tous les étages. Heureux si je puis préserver l'éminente artiste du malheur de voir traîner l'âge mûr de son talent sur la claie qui remplacerait le tapis de fleurs étendu sous ses premiers pas. Ce péril est imminent. Je désire le conjurer et je le tente, parce qu'on m'a dit que, libre des coteries et contre-coteries de notre temps, j'y pourrais parvenir.

J'ai à prouver qu'au vice radical, issu de l'absence totale d'instruction, se joint une inconcevable uniformité de moyens exécutifs : forme organique, jeu, émission oratoire et débit naturel, modifié par l'étude. Essayons.

HORACE, de Corneille. — Rôle de Camille.

Camille, cette mâle beauté qui passe, de l'attachement à son frère, aux derniers paroxismes de la haine, parce qu'il vient de vaincre et de tuer en champ-clos son amant, n'est point cette femme déshesrée, maladive et grelottante que nous montre tout d'abord mademoiselle Rachel. Quelque tristesse qu'elle éprouve, dans sa disposition du moment, elle est toujours romaine, une romaine de Corneille, qui ne les fait jamais langoureuses. Ainsi tronqué, dès le début, le personnage persiste pendant trois actes, les membres détendus, la marche pénible, l'air distrait, ne négligeant même pas de chercher des connaissances dans les loges, jusqu'à ce qu'enfin le récit de Valère lui apprenne qu'il doit écouter les autres, et l'engage à se trouver mal; ce que l'actrice exécute au mieux. Là, commence le rôle pour mademoiselle Rachel. Les ménagements sordides qu'elle a pris pour garder ses moyens, font place à une prodigalité de forces tellement exhubérantes, qu'avec le casque et la cuirasse de son frère, Camille passerait pour un superbe Horace. Perdant alors toute noblesse, oubliant qu'au plus fort de son courroux, une femme de certaine caste, est toujours femme, mademoiselle Rachel se cloue à la planche, se crispe, démonte son visage, et jette à Horace épouvanté des vers assez expressifs pour se passer de ces forfanteries. Sans doute, une colère, une douleur égales à celles de Camille ne se peuvent rendre qu'avec une énergie d'action, une fermeté de paroles qui les distinguent des autres sentiments; mais la première idée est de se souvenir qu'on est sur la scène, non à la Fontaine des Innocents, et ensuite, qu'ici, le savant effet de l'artiste est dans la contrainte qu'elle impose aux débordements de son désespoir, dans cette concentration de la fureur, qui en rend l'expression plus terrible. Mademoiselle Duchesnois le comprenait très bien ; tous ceux qui l'ont vue diront qu'à ce moment, comme dans toutes les situations équivalentes, jamais elle ne perdait de vue la bonne attitude du personnage, et qu'elle n'en produisait qu'une sensation plus profonde. Ce n'est qu'aux quatre derniers vers de la tirade de Corneille, que l'explosion est à sa place. Crier n'est pas jouer ; se déboîter, parler les mains fermées, donner à sa voix les accents du tonnerre qui s'approche, et perdre toute mesure, est, au théâtre, le fait du premier venu. Tandis qu'il n'appartient qu'aux élus de l'art de persuader et d'émouvoir avec des ressources différentes. C'est le trait de démarcation entre la rue de Richelieu et le boulevart.

Mais voici qui mérite encore plus de reproches, d'où même je suis induit à craindre que mademoiselle Rachel n'ait point l'âme artiste, dans toute l'acception du terme. Conçoit-on qu'on laisse *reparaître* mademoiselle Rachel, après le quatrième acte, lorsque le cinquième est entièrement consacré aux suites de la mort de Camille, qui compromet les jours du sauveur de la patrie, et par conséquent, à l'intérêt qui rend indispensable au spectateur l'absolue réalité de cette mort ? Comment ! cette désillusion volontaire, insolente, gagée, qu'une seule personne impose à tout une salle, le théâtre y consent! l'Autorité la permet! Qu'importe à cette personne, qui, de toute la pièce, n'estime que son rôle, que lui importe le tort stupide que cause à cette tragédie une violation si flagrante de tout ce qu'on doit respecter? Sa cérémonie de résurrection est ordonnée, et elle la reçoit en venant dire, par son heureux état de santé, au public en déroute : « *Me voilà.* » *Camille n'est pas défunte ; c'était moi qui faisais* » *semblant d'être elle. L'auteur s'est joué de votre* » *crédulité. La gloire de son ouvrage veut qu'il finisse* » *à moi. Pitié pour le reste !* »

Non, ce n'est pas là être *artiste*, ainsi que le comporte la définition de ce mot, qui renferme tant de choses. J'aurai plusieurs fois à établir que cette remarque est fondée.

Aussi, qu'arrive-t-il? Prévenus de cela, nombre de spectateurs quittent la salle avant la subite guérison de Camille, afin d'emporter leur plaisir intact, et font, sans le vouloir, une offense au dévouement des acteurs immolés par mademoiselle Rachel. Pourquoi ces messieurs le souffrent-ils? Ne feraient-ils pas mieux de supprimer le cinquième acte? Corneille le prendrait comme il voudrait; qu'est-ce que ce rimailleur auprès de *la grande tragédienne*?

Je ne sais, mais, ou le geste et les inflexions de la voix m'ont bien trompé, et d'autres personnes ont partagé mon erreur, ou, dans les premières représentations d'*Horace,* il m'a semblé que Camille, trop dédaigneuse des bancs de l'école, comprenait, très plaisamment

> Ce Grec si renommé, qui, depuis tant d'années,
> Au pied de l'Aventin prédit nos destinées.

Le spectateur ignorant pouvait croire, sans trop mériter d'être châtié, que le susdit Grec se tenait aux pieds d'un vieillard nommé *le seigneur Aventin.* Mais la cacophonie n'a pas duré longtemps, nous entendions mieux. Peut-être aussi ce que dit Arouet, dans ce passage de ses Commentaires, venait-il d'être transmis aux étudiants de la salle, qui y avaient lu : « *Un Grec qui fait des prédictions au pied d'une montagne.* » Réparation d'honneur.

ANDROMAQUE, de Racine. — Rôle d'Hermione.

Même sacrifice du rôle, à deux passages : *le couplet d'ironie* et *les adieux* à Oreste. Du reste, nul soin pour les parties intermédiaires, une sorte de coquetterie parisienne dans la tenue; la fille de Ménélas ferait volontiers l'œil à l'ami de Pylade, si Pyrrhus ne lui tenait tant au cœur. Rien de grec, d'antique dans l'interprétation générale, et beaucoup de prétentions dépourvues de motifs : telle est, aujourd'hui, l'actrice aux endroits même où, jadis, elle était si bien. Tant qu'elle a été enfant, ce rôle, illusion à part, lui seyait, précisément à cause des dissonnances qu'y rencontraient son extérieur, son âge, son non-savoir des sentiments qu'il exprime. C'était *la rareté, la curiosité*; on croyait regarder par le gros bout de la lorgnette et voir une tragédienne qui allait venir. Mais, depuis qu'abusée par la flatterie, mademoiselle Rachel s'éloigne du sentier qu'elle avait paru se tracer, Hermione n'est plus avec elle ; c'est une *disease*, qui a ses repères de succès marqués avec les applaudisseurs, comme les peintres du théâtre en ont avec le machiniste. On y voit peu de différence entre une élève serinée par le Conservatoire, et la débutante échappée de l'arrière-boutique où elle a étudié Racine sur le piano.

CINNA, de CORNEILLE. — Rôle d'Émilie.

Ici, se fait sentir plus vivement un besoin mal écouté, celui de quelque instruction, d'un peu d'aptitude à ouvrir des livres chez mademoiselle Rachel, qui ne me paraît point avoir souvent *corné* des pages. On n'est pas grand comédien sans cela. Lekain n'est sorti de la foule qu'en se formant une bibliothèque ; quand Talma jouait, dès le matin, il lisait Tacite et était, toute la journée, le héros du soir.

Mademoiselle Duménil, visitée à la campagne par Lasozelière, le reçut assise au bord de son puits, et Suétone à la main ; elle méditait sur Agrippine. C'est Lasozelière qui me l'a dit. A une répétition du *Comte d'Essex*, où des Anglais avaient été admis, l'un d'eux ayant demandé qui jouait la reine, on lui indiqua, au fond du théâtre, une femme de

l'extérieur le plus simple, qui *tricotait.* L'opinion
qu'il en conçut s'effaça bientôt, au seul aspect de
mademoiselle Duménil entrant sur la scène avec
une inexprimable majesté. Elle n'avait encore rien
dit, que l'homme d'Albion, frappé d'un change-
ment si extraordinaire, si soudain, s'écria : « *Ah!*
» *c'est Élisabeth d'Angleterre!* » L'instruction faisait cela; son absence fait le contraire.

J'ai quelque raison d'aller au devant de ce que
m'opposeraient les idolâtres, qui ne manqueront
pas de me traiter d'iconoclaste, et de conclure de
cette anecdote, que, pour être tragédienne accomplie, il faut savoir *tricoter.* La riposte serait déli-
cieuse, mais d'une logique un peu trop sujette à
caution. C'est dans la simplicité de mœurs, si bien
d'accord avec la tension d'esprit exigée par l'étude,
que se trouve ici la conséquence, et non dans le
fait, très modeste, qui nous y amène. On reconnaît
sans peine que, dans ce passe-temps de mademoiselle Duménil, il y avait plutôt préoccupation qu'occupation, et que la reine n'était pas loin. A ce prix-
là, l'aristocratique *tapisserie* de nos actrices serait
bien heureuse de valoir le très plébéien *tricot.* Au
surplus, sous nos premières monarchies, le trône a
porté des femmes qui s'asseyaient devant un rouet
et filaient. On me permettra de n'en pas conclure
qu'il faille apprendre à *filer* pour gouverner la
France.

Dans Émilie, Mlle Rachel est la conspiratrice tout
haut, à ciel ouvert, systématiquement citoyenne,

amante plus impertinente que sensible, ne sachant
ce que c'est qu'une fille adoptive selon la loi romaine; déclamatrice et subjuguée par la clémence
d'Auguste, sans recevoir une étincelle de cette ma-
gnanimité, sans tenir sa véritable place sur le devant du tableau. Prenez les contraires, et vous aurez le rôle.

MITHRIDATE, de RACINE. — Rôle de Monime.

Là, pas un soupçon des temps, des lieux, des
héros ni du poète! Errante d'un bout du rôle à
l'autre, comme frappée de cécité, cherchant le sol
de son pied, portant la main devant elle, l'actrice
semble implorer un compagnon comme celui de
Bélisaire. *Date obolum!* Les vers nous disent que
Monime aime Xipharès : la bouche de mademoiselle
Rachel veut nous en convaincre; mais une éton-
nante sécheresse de parlage, de beaux discours mal
tenus, nous empêchent de le croire. Je défie bien
qu'on sache, par tout ce que peut l'entremise de
l'acteur, ce qu'une tragédienne de grand talent nous
apprendrait dans Monime. Plutarque n'a point passé
par là, et la traduction d'Amyot n'a pas effarouché,
de son vieux langage, le jeune esprit de mademoiselle Rachel. C'est pourtant là qu'il se serait ren-
seigné sur cette grecque « renommée entre toutes,
» pour ce que jamais ne voulut entendre à toutes les
» poursuites de Mithridate, jusqu'à ce qu'il y eust

» accord de mariage passé entre eux, et qu'il lui
» eust envoyé le bandeau royal, et appelée royne. » '
Avec notre actrice, d'un dessin bien fait, il ne reste
qu'une esquisse sans signification. Le roi de Pont,
déjà blâmé de son amour pour l'original, pendant
qu'il a des affaires beaucoup plus sérieuses et plus
urgentes, se trouve l'être bien davantage de sa passion pour la copie.

Comme détail, on doit signaler la stricte économie de mademoiselle Rachel à l'égard du susdit
bandeau; Monime, ayant à le jeter, très historique-
ment loin d'elle, en lui disant :

A mes tristes regards, va, cesse de t'offrir,

l'actrice ne veut pas s'exposer à une trop forte dé-
pense; il faut, d'ailleurs, que le bandeau lui serve
longtemps. Alors, elle froisse un ruban de couleur
inexplicable, presque veuf de ses respectables pail-
lettes, et qui donne une bien pauvre idée de la ga-
lante générosité du prince Mithridate.

Il serait plaisant que mademoiselle Rachel em-
pruntât ce bandeau de revendeuse au magasin!

ESTHER, de RACINE. — Rôle principal.

Plus coupable qu'ailleurs, puisque la tendre Esther est juive comme elle et que son intérêt réagit
sur toute la nation, mademoiselle Rachel n'a pas
même une idée de la modestie, de la douceur, du
charme et du noble embarras de cette jeune sou-

veraine : elle ne l'a point vue dans cet acier, poli,
aussi fidèle que nos glaces de Venise, placé devant
ses yeux par la main du fidèle roi de Perse, son
mari :

> Je ne trouve qu'en vous je ne sais quelle grâce,
> Qui me charme toujours et jamais ne me lasse.
> De l'aimable vertu, doux et puissants attraits!
> Tout respire en Esther, l'innocence et la paix.

Transportée par mademoiselle Rachel dans la société de 1850, Esther est l'ingénue décolorée d'une
comédie d'intrigue, contant ses petits chagrins à sa
femme de chambre, et redoutant l'approche de son
époux à qui il faut qu'elle confie une aventure de
bal. Ce que j'en ai dit, au sujet de ce même rôle,
que j'ai vu jouer à mademoiselle Rachel enfant,
chez Saint-Aulaire, je l'ai retrouvé au Théâtre-
Français, avec un redoublement d'assurance, qui,
pourtant n'empêchait pas l'actrice de voir qu'elle
tombait très bien... sauf la désinvolture des gla-
diateurs. *Esther* s'est arrêtée tout court. C'est ce
qu'elle a fait de moins mal.

TANCRÈDE, de Voltaire. — Rôle d'Aménaïde.

Les vers à rimes croisées de cette mauvaise tragédie et le caractère emporté de l'héroïne, sont
choses peu agréables et dont il faut savoir user adroitement. Or, l'adresse, dans le sens qui convient

ici, n'est pas le fort de mademoiselle Rachel, à qui
je continue de refuser l'intelligence, proprement
dite. Mais je serai juste en remarquant que le rôle
d'Aménaïde, à qui Voltaire a voulu mettre le dia-
ble au corps, jure avec les avantages extérieurs et
le ton général de mademoiselle Rachel, quand elle.
ne force pas. Pour s'emparer de ses formes viriles
et y joindre l'action convenable, elle devait recou-
rir à des efforts mal récompensés, parce qu'ils s'é-
puisent chez Aménaïde en bavardage sans intérêt
comme sans coloris. Plus que tout autre part,
la tragédienne a donc été excusable de viser à l'effet par le débit ampoulé. Elle a été assez heureuse
pour que cela ne lui valut ni une réussite propor-
tionnée à ses fatigues, ni un rôle qu'elle put re-
prendre. Aussi, ne lui en a-t-on pas trop voulu
quand il lui est arrivé de *masculiniser* ses formes
et d'empanacher sa diction, pour représenter non
Aménaïde, mais Tancrède. Moi, je pensais, en l'é-
coutant, à ce mot de Lekain, gêné par les empiéte-
ments de son interlocutrice : *Lorsque mademoiselle*
Clairon voudra jouer Idamé, je jouerai Gengis-
Kan.

BAJAZET, de Racine. — Rôle de Roxane.

A l'étoffe près, et sauf quelques irrégularités de
maintien, quelques excès de déclamation sourde,

Roxane est le meilleur rôle de mademoiselle Rachel. Elle y a de nombreuses parties détachées, dont quelques-unes se raccordent avec talent à l'ensemble, pendant que les autres trouvent encore du mérite dans leur isolement. On voudrait que ce ne fût pas à l'exaspération de ses qualités qu'elle dût cela ; mais lorsqu'elle était moins composée, quand elle traitait les situations avec plus de ménagement, le rôle ne lui eût pas aussi bien convenu. Non qu'elle l'ait plus creusé qu'un autre, mais c'est qu'il est venu à elle de lui-même. La rudesse du commandement qu'exerce Roxane, la sauvagerie de cette passion qui dit : « aime-moi ou je te tue », les reflets d'une facile couleur locale, et toute cette émanation d'Amurat, qui s'infiltre aux veines de la Sultane, sont comme un calque des possibilités de la tragédienne. Si elle n'y est pas parfaite, c'est qu'il y manque encore ce riche butin qu'on rapporte de la lecture, ces provisions de science que l'histoire nous fournit, et qu'un artiste de théâtre a plus d'occasions de montrer que les autres. Cette fois, mademoiselle Rachel se les seraient procurées en jetant les yeux sur les dernières *Lettres persannes* de Montesquieu. Elle y aurait trouvé une Roxane, sinon conforme à celle de Racine, du moins d'indications suffisantes pour l'aider à composer la sienne. Ce que cette Roxane écrit à Usbek, son maître, la furieuse de Bajazet, l'aurait dit sans gêne à Amurat :

« Oui, je t'ai trompé... Je me suis jouée de ta
» jalousie, et j'ai su, de ton affreux sérail, faire un
» lieu de délices et de plaisirs... Tu étais étonné de
» ne point trouver en moi les transports de l'amour :
» si tu m'avais bien connue, tu y aurais trouvé toute
» la violence de la haine. »

Voilà qui allait à mademoiselle Rachel ! Il est
vrai que sous son costume, qu'elle porte très bien,
la physionomie entière de Roxane ne demande qu'à
sortir ; on la voit même fort souvent. Mais, si l'on
peut s'exprimer ainsi, la personnalité morale du
caractère n'y est pas toute. Très certainement, le
farouche successeur de Mustapha n'a point délégué
son pouvoir à une de ses créatures les plus ordinaires. Cependant, ce que nous offre mademoiselle
Rachel est plutôt une évadée du Harem, éprise et
jalouse, qu'une confidente des grands projets du sérail, mise à la tête des affaires pour représenter le
Grand-Seigneur. Cela reconnu, la tragédienne est
plus satisfaisante dans ce rôle de Roxane qu'en tout
autre, où j'espère que l'expérience ne fera qu'aug-
menter son succès.

Me voilà à l'aise pour blâmer une invention de
son cru, à laquelle elle doit renoncer, pour peu que
la raison lui vienne en aide. Je veux parler du poignard de Roxane, levé sur Bajazet, à la quatrième
scène du cinquième acte, au moment où les muets
attendent le malheureux pour l'étrangler. Ce jeu
de scène ne vient de personne, pas une actrice

n'en a laissé la trace. Cette tentative d'assassinat, quand l'assassinat est décidé, ne veut rien dire. Si Racine y avait pensé, il l'aurait indiquée ou dans la pièce ou dans la préface. En outre, ce mouvement est faux, parce qu'il n'est pas admissible que Roxane, livrée à tant d'oscillations, aimant toujours Bajazet, aille, de sa propre main, au devant d'un supplice qui ne peut lui échapper. Enfin, il est inutile, puisque *le Cordon* est tout prêt à fonctionner; et nuisible, car, même en idée, cette complication d'un meurtre présumé, détruit les deux sensations l'une par l'autre. Roxane n'a pas d'ailleurs le pouvoir de changer les déterminations d'Amurat; elle doit en accepter l'obéissance au pied de la lettre. Le fameux : « *Sortez* ! » vaut dix mille coups de ce poignard, qui n'aura raison qu'en rentrant dans sa gaîne. Il est bon que l'acteur s'ingénie à la recherche des effets, c'est son état; mais le premier de ses soins doit être le respect des pensées primordiales de l'auteur.

NICOMÈDE, de CORNEILLE. — Rôle de Laodice.

Cette fois, l'erreur de mademoiselle Rachel était si bien caractérisée, qu'elle-même s'est rendu justice en laissant là, tout de suite, ce rôle où elle n'avait vu que du feu..., éteint. Si son esprit eût été plus labouré par le travail du cabinet, il n'aurait

pas montré ces aspérités de l'inintelligençe sur les-
quelles s'est brisée Laodice. Si plus de délicatesse
dans son instinct la guidait mieux, elle aurait moins
faiblement saisi le ton de Comédie-héroïque qui
règne dans *Nicomède*. Et, du haut de ce ton qu'elle
a parfois trouvé, elle ne serait pas descendue au
prosaïsme dont elle a damasquiné de si beau vers.
Si elle continue, de longtemps mademoiselle Rachel
ne comprendra Corneille.

ARIANE, de Thomas CORNEILLE.— Rôle principal.

Ce que n'avait pas obtenu Pierre, il était probable
que ne l'obtiendrait point Thomas. Son *Ariane*,
toute maîtresse qu'elle soit de la scène, où sa présence ne prend de fin que pour laisser un peu res-
pirer l'actrice, est trop tendre, trop aimante pour
que mademoiselle Rachel ait pu s'en approprier la
représentation. Dès les premiers mots, le nom de
Thésée qu'elle prononce si heureusement pour mettre incontinent son amour en lumière, devait perdre
cette signification, dit par une actrice inhabile à
peindre autre chose que la colère de ce sentiment.
Le reste de l'ouvrage s'en est ressenti. Il y avait
scission entre le personnage et la tragédienne qui
ne s'est pas assez retrouvée, au dernier acte, pour

que l'affaire allât plus loin, et Phèdre a pu dire à
sa sœur, objet d'un nouvel abandon :

> *Faute d'amour,* blessée,
> Vous mourûtes encor, par Rachel délaissée.

IPHIGÉNIE EN AULIDE, de RACINE. — Rôle d'Eriphile.

Par sa pensée et par des endroits de style, ce
rôle tient à Corneille. Il demande de la conception,
de la retenue d'abord, de l'éclat ensuite, de la net-
teté, le goût du haut tragique et le talent de tenir
la scène. Sans doute, mademoiselle Rachel, le ju-
geant d'après le nombre de vers dont il se compose (au poids), l'a trouvé trop accessoire pour le
jouer avec soin. Elle l'a dépêché. Par sa prétention d'être au-dessus de lui, elle s'est mise très
exactement au-dessous. Sa prompte renonciation
au personnage d'Eriphile a fait croire qu'une fois,
dans sa vie d'artiste, on l'avait bien conseillée.

LE CID, de CORNEILLE. — Rôle de Chimène.

Ces amants qu'on allait unir et qu'un soufflet,
suivi d'un grand coup d'épée, sépare. L'un forcé
de demander la mort de l'autre, pour rendre ce
qu'il doit à la mémoire de son père, et l'amour égal
des deux côtés, complétant le sacrifice de la jeune
fille, pendant qu'il redouble le désespoir du fiancé,
forment une de nos plus belles combinaisons dramatiques. Pour y entrer tout à fait, pour passer

naturellement, de cet amour, à la piété filiale, de
l'honneur qui crie, à la tendresse qui soupire , et
des plus cuisants regrets à la plus cruelle fermeté,
un grand talent est nécessaire , un talent surtout
qui s'assouplisse aux alternatives de manière à rendre cette lutte intéressante , sans qu'on n'y trouve
ni contradictions ni longueurs. Celui de mademoiselle Rachel n'est pas de cette force. Il n'a rencon-
tré dans Chimène, qu'une récitante de la rue Ber-
gère, imbibée de la leçon ; qui , des deux éléments
du rôle, n'en fait qu'un, pour agir et converser
comme elle agirait et converserait dans tout autre,
ad libitum. L'ennui que l'actrice a extrait de ce
narcotique, ayant bercé toute la salle , *le Cid* est
allé donner l'exemple d'un repos de longue durée.
Faites donc des chefs-d'œuvre !

ORESTE, de Voltaire. — Rôle d'Electre.

De tous les *accidents* essuyés par mademoiselle
Rachel, celui-ci eut le mérite de ne pas se prolon-
ger au-delà de ce qu'il a fallu pour témoigner que
rien n'y manquait. Le tort de la tragédienne fut
grand , plus grand qu'ailleurs peut-être, vu l'â-
preté du rôle d'Electre , tracé sur les modèles du
théâtre grec et dont l'amour filial n'admet point de
transactions. Venger à tout prix la mort de son père,
punir Egisthe, l'instigateur de ce meurtre qui la
tient en esclavage, et sauver Oreste pour le mettre
à la place du tyran ; voilà toute la pensée de la

fille d'Agamemnon. C'est à ce dénouement qu'elle marche et elle y arrive avec autant de résolution que de persévérance et de fierté ; mais sans passer par ces molles tendresses qu'autoriseraient tout ensemble les regrets qu'elle éprouve et la vertu de son action. Clytemnestre, sa mère, n'est pas l'objet de son aversion ; elle n'a été que le poignard, tandis qu'Egisthe était réellement le bras. C'est lui qu'elle veut tuer, c'est sa puissance qu'elle veut anéantir, et quand Oreste immole l'un et l'autre, Electre a fini sa tâche.

Rien ne convenait mieux qu'un pareil caractère à cet organisme sans attendrissement qui ne bouillonne et s'épanche que dans le ressentiment et la haine. Ce milieu que je lui demande à la dernière tirade de Camille, mademoiselle Rachel n'avait point à le garder ici. Electre ne se contient pas, elle donne à Egisthe tous les noms que son horreur lui inspire : « *barbare ! tigre ! monstre !* »... Elle appelle les Euménides : .

« Filles de la vengeance, armez-vous, armez-moi. »

En voilà assez pour voir que mademoiselle Rachel était là sur son territoire. Electre aurait dû trouver un traducteur fidèle dans ce talent aux teintes rembrunies, et que l'amour ne pénètre pas. Il n'en a point été ainsi. *Oreste* a disparu, emmenant avec lui sa sœur toute confuse et laissant la tragédienne se disant à voix basse ; *encore une !*

A titre de renseignement anecdotique, je dirai

qu'on attribua la remise de cette pièce à une petite boutade d'orgueil, fondée sur un vers de la septième scène du cinquième acte. Mademoiselle Rachel était alors au pinacle. Bien qu'elle ne fût pas encore *un principe*, ses adorateurs la regardaient comme la *reine* du théâtre, et, par conséquent, les autres artistes étaient ses *sujets*. N'osant pas le dire, l'imprimer, avec toute l'assurance qu'on y met aujourd'hui, on trouva charmant que Voltaire en fournit l'occasion. Pylade dut compter sur un grand succès, à ce vers de circonstance :

Fers, tombez de ses mains, le *sceptre* est fait pour elle !

O déception ! pas un spectateur ne comprit l'apologue, nul ne songea à l'application, et les *fers* eurent, pour tout bonheur, l'avantage de tomber en compagnie.

DON SANCHE D'ARRAGON, de Corneille. — Rôle d'Isabelle.

Un bel habit, beaucoup de pierres de couleur, qui chatoyaient sur sa personne dont elle faisait une façon d'arc-en-ciel, et une tirade de grande exigence, en fait de poumons, avaient, de connivence avec son ancien succès chez Saint-Aulaire, engagé mademoiselle Rachel à demander la reprise de cet ouvrage. Le rôle d'Isabelle ne portait cependant rien en soi qui dût faire bien augurer de cette réminiscence. Je reconnais franchement qu'il n'y a rien eu de la faute de l'actrice à ne pas soutenir un personnage qui l'abandonnait à tout moment. La pièce, réduite avec variantes, par M. Naptal-Planat, n'ayant pu se maintenir dans sa première version où le romanesque et l'invraisemblance dominent, ne devait pas rester avec la seconde. Tragédie et tragédienne ont fui comme une seule ombre, sans qu'aucune des deux pût dire : « Je reviendrai. »

BÉRÉNICE, de RACINE. — Rôle principal.

Le sens diamétralement opposé au don d'éprouver, a été prodigué à mademoiselle Rachel. Il y a donc solution de continuité absolue entre elle et le rôle de Bérénice, où la sensibilité est de toute rigueur, car il en est l'essence, la condition *sine qua nihil*. Avec ce personnage, l'attitude *statuaire* est inutile. Titus demande, pour qu'on lui plaise, un naturel noble, l'absence de tout apprêt, une grâce abandonnée et un cœur ouverts aux effusions du sien. Cela me dispense d'ajouter que mademoiselle Rachel n'a pas, le moins du monde, réussi dans *Bérénice*. Elle y a renoncé aussitôt et a sagement fait ; le Public aurait pu vouloir retorquer ainsi le tendre argument de l'empereur romain :

Depuis douze ans entiers, chaque jour je vous vois,
Et ne crois pas vous voir pour la première fois,.

POLYEUCTE, de Corneille. — Rôle de Pauline.

Le plus beau, le plus difficile rôle de tragédienne, celui qui participe le plus de l'inspiration divine sous laquelle tout l'ouvrage est écrit, la reproduction la plus hérissée d'obstacles, c'est le rôle de Pauline. Jamais la vertu, la fidélité, le sentiment du devoir chez une épouse, d'une amante chez une femme, et de la résignation dans une âme faite pour devenir chrétienne, n'ont été et ne seront dépeints sous de plus riches, de plus incorruptibles couleurs. Corneille s'est élevé là si haut, qu'on peut mettre, sans balancer, *Polyeucte* à côté de *Tartufe,* le seul chef-d'œuvre de l'esprit humain que son genre n'empêche pas de lui être comparable. Quels héroïques combats ! quelles magnifiques victoires ! Chacune des scènes de cette sainte tragédie suffirait à l'illustration d'un poète dramatique. Après Pauline, quel rôle que celui de Sévère ! Peut-on rien entendre de si beau que leurs discours pendant l'entrevue de ces deux personnages ?

Si la tradition ne nous apprenait que mademoiselle Fleury a supérieurement joué Pauline, on ne croirait pas que talent d'actrice y pût atteindre. On voit tout de suite qu'avec la stérilité de ses idées scéniques, avec l'étroitesse de son *faire* et la monotonie de son *dire*, mademoiselle Rachel n'a pu, et sans doute ne pourra pas s'acquitter, même médiocrement, de ce rôle mis en réserve pour les tragédiennes à part.

Une de ses phases la met, notamment, en demeure de se prononcer sur une situation bien comprise. Cette phase se partage en deux pour la tragédienne, savoir : d'abord l'aspect personnel de Pauline, qui, allant assister à la décapitation de son époux, s'y rend en *païenne*, avec tout le cortége des idées de l'erreur, et en revient *chrétienne,* avec tous les indices d'une âme pénétrée de la .foi la plus sincère. Deux femmes sont là à représenter, dont il est de nécessité irrécusable que la seconde diffère entièrement de la première. Pauline, éclairée par le rayon céleste, ne doit plus rien avoir d'elle-même. Dieu seul l'inspire; elle a soudainement compris tout ce qu'il est et tout ce qu'il peut. Regardez bien, elle porte au front les stygmates du martyre, et les spectateurs voient, par la pensée, le nimbe qui va dessiner son auréole. Pauline n'a plus qu'un désir, c'est d'aller retrouver son époux et de demander au Créateur le pardon de son long aveuglement. Le sacrifice de Polyeucte lui a donné la grâce, et la grâce la croyance.

> Son sang, dont tes bourreaux viennent de me couvrir,
> M'a dessillé les yeux et me les vient d'ouvrir.
> De ce bien heureux sang tu me vois baptisée,

dit-elle à Félix. Or, dès qu'elle reparaît, après cette leçon terrible et glorieuse, la néophyte doit, *sans qu'elle ait parlé*, et *par son seul maintien*, indiquer une complète renonciation à sa personnalité première, dont ce qu'elle dit n'est que l'explication par le poète, venant après la manifestation par l'actrice. Elle parle durement à Félix, mais elle lui parle en inspirée, en catéchumène. Pour l'élite du Public, ces combinaisons visibles, mais où la parole n'a point encore de part, sont déjà un effet du christianisme, *enarrant gloriam Dei.* Il faut donc que, dans tout son être, la transfusion du sang de Polyeucte, mort si calme, si heureux, se fasse sentir. Pour cela, Pauline doit montrer de la sérénité, une onction pénétrante, le détachement des choses de la terre; surtout, s'abstenir de gestes, la main sur la poitrine en dit assez, et les yeux au ciel suffisent, si le visage s'empreint d'une pieuse éloquence. C'est l'extase des Saints.

Que fait mademoiselle Rachel? Du mélodrame à grandes volées. Elle déclame encore, elle est toujours païenne; elle saccade l'idolâtrie, quand c'est l'Évangile qu'on devrait croire lui entendre lire ! Pour se chantourner une pose de convulsionnaire, elle se jette à genoux, étend, de toute sa force, les bras en croix, et traduit, à son insu, mais fort clairement, les trois mots admirables, par ceux-ci : « *O mon Dieu! malgré toute la peine que je me donne, je ne* SAIS *pas, je ne* VOIS *pas, je ne* CROIS *pas!* » Enfin, d'une conversion miraculeuse, mademoiselle Rachel fait une séance de somnambulisme magnétique. En d'autres termes, un sacrilége.

Ce rôle n'en est pas moins un de ceux où les hommes de perdition l'applaudissent avec le plus d'aveugle fanatisme. Conséquence.

PHÈDRE, de RACINE. — Rôle principal.

Pour celui-là, vingt Rachel réunies, se cotisant, travaillant vingt heures par jour et cherchant la pierre philosophale de ses secrets, ne parviendraient pas plus à la découvrir que si elles la demandaient à la transmutation des métaux. N'en faisons pas un crime à la nôtre : il n'est ni de ses antécédents de théâtre, ni de la conformation de son instinct, ni de ses moyens physiques, ni dans rien de ce qui se peut, que *Phèdre* et la fatalité qui l'entraîne, soient, sous aucun rapport, représentées par elle. Les tragédiennes n'y arrivent qu'à la suite des temps, après des réflexions, des conseils, des travaux qui leur permettent, sinon d'embrasser, du moins d'apercevoir les vastes horizons de ce rôle. Et, quand elles en sont là, il ne leur reste pas toujours ce qu'il faut pour associer leur pinceau à la palette de Racine. Il le savait bien, le grand poète. Mais son génie l'a emporté, l'amour peut-être aussi, et lorsque le premier l'eut déposé, avec son chef-d'œuvre, sur le Parnasse, Apollon prit tout sur son compte, en attendant que Prométhée se hasardât à l'impossible création d'une actrice, comme il avait osé celle d'un homme. Mademoiselle Rachel n'y est appréciable à aucun titre.

J'emploierai mieux cette place à m'inspirer des
gens de goût, pour conseiller à la tragédienne d'abjurer une faiblesse préjudiciable à tous. Il s'agit de
ces *représentations de famille*, où nous voyons son
frère et ses deux sœurs démolissant nos illusions à
grand renfort d'inconvenances théâtrales. On ne saurait autrement définir ces conjonctions amoureuses
entre Hippolyte, Bajazet, Curiace, etc., figurés par
Raphaël-Félix, et poussant jusqu'au mariage, s'il
est ordonné par l'auteur. Il y a là ce qu'on sent
plutôt qu'on ne l'exprime, matière à des répulsions
que ne soulèverait point mademoiselle Rachel, si,
encore une fois, elle avait l'âme plus artiste. La
seule excuse qu'on pourrait alléguer n'existe pas.
Le gros du Public ne veut y voir qu'un trafic de
consanguinité, loin des intentions de tous, vraisemblablement. Placée, par ses rôles, dans ce voisinage
familier, qui, tacitement, lui parle de ses affections
les plus intimes, de sa vie la mieux murée, il est
impossible qu'elle ferme assez l'oreille et barricade
son cœur, pour se tromper en trompant l'auditoire, à
qui l'erreur et l'illusion sont encore moins nécessaires
qu'à elle, puisque c'est lui qui reçoit et que c'est
elle qui donne. Horace et Boileau disent : « Pleu-
» rez, pour que nous pleurions. » A combien plus
forte raison faut-il oublier, pour qu'on oublie, sentir pour que l'on sente, dans des situations dramatiques où la croyance blessée prend le parti de la

nature qui se déplait. Si, contrairement à mon opinion, mademoiselle Rachel a son art pour ami, elle doit au moins éprouver d'étranges mouvements, lorsque, déguisée en Phèdre, elle adresse son incandescente *déclaration* au très honoré fils de madame sa mère.

BRITANNICUS, de Racine. — Rôle d'Agrippine.

Une partie de ce qui empêche mademoiselle Rachel de jouer le rôle de Phèdre, s'applique également à celui d'Agrippine, dont la moindre exigence est d'avoir de nombreuses années de théâtre. La profondeur de ce caractère s'accorde on ne peut plus mal avec l'éclat superficiel du talent de cette tragédienne. Nulle part l'inculture de l'esprit n'est plus déplacée que dans ce personnage, où la latinité romaine s'échappe par tous les pores ; que dans cette pièce écrite sur papyrus, où enfin la tragédie devient *livre* et l'acteur *historien.* Mademoiselle Rachel en est écrasée. Et puis, on a plus envie de rire que de s'émotionner, quand elle parle de ses flancs qui ont porté un Néron, dont elle serait la sœur cadette. Cela ne saurait passer, aux yeux des amateurs impartiaux, que pour un travestissement à l'usage de ces actrices qui ne se refusent rien, parce qu'on ne peut rien leur refuser.

ATHALIE, de Racine. — Rôle principal.

Continuation des reproches ci-dessus, et remarques semblables. J'y ajoute seulement que la tête d'Athalie, dérobée par mademoiselle Rachel aux vieilles tapisseries du roi David, produit un effet grotesque, assez mal reçu dans le genre tragique. Ces longs tirebouchons, ces *anglaises* en cheveux gris, qui tombent sur la poitrine et suivent les soubresauts du corps de l'actrice, seraient mieux là pour amuser le petit Joas que pour chercher une vérité historique déplaisante. Dans la scène avec ce jeune roi de Juda, on est porté, malgré soi, à se souvenir du Petit Chaperon rouge, et l'on s'attend toujours à l'entendre s'écrier : « *Ah! ma mère-grand, que vous avez de grands cheveux* ! » A quoi mademoiselle Rachel pourrait répondre : « *C'est pour mieux t'emmailloter, mon enfant.* »

Du reste, elle y conserve la déclamation *ogresse* transmise par les anciennes, et qui achève ici l'héroïne de Perrault, en la faisant parler dans ses cordes.

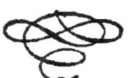

TRAGÉDIE.— AUTEURS MODERNES MORTS.

FRÉDÉGONDE ET BRUNEHAUT, de Népomu-cène-Lemercier. — Rôle de Frédégonde.

Représentée, d'origine, à l'Odéon, cette grosse tragédie avait trop peu réussi pour que l'on dût l'amener à la rue de Richelieu ; mais mademoiselle, Rachel ayant désiré qu'on le fît, il a été censé que tout le théâtre l'avait désiré. Le soir même de cette reprise, la tragédienne passa du côté de ceux qui l'avaient désapprouvée, et pendant que ses camarades disaient au public : « Ite, tragœdia, est! » elle répondait, en se frappant, avec componction, le sternum : « Mea culpa! Mea maxima culpa! »

JEANNE-D'ARC, de Soumet. — Rôle principal.

En préférant la pièce de Soumet, faite dans les conditions de l'école actuelle, à celle de Davrigny, plus régulièrement disposée et moins tumultueusement écrite, mademoiselle Rachel a donné la mesure de son discernement littéraire, et de sa reconnaissance envers le genre auquel elle est uniquement redevable. Séduite par ce clinquant, elle y a ajouté le paillon d'un jeu désordonné et d'un débit emphatique, et les fascinateurs ont dit qu'elle avait brillé. Oui, comme le feu rouge de la voie ferrée qui proclame les sinistres. La preuve, c'est que Jeanne-d'Arc en est restée là.

AUTEURS VIVANS.

MARIE-STUART, de M. Lebrun. — Rôle
principal.

Pour les personnes qui y ont vu mademoiselle
Duchesnois, mademoiselle Rachel est littéralement
mauvaise. Pour celles qui ne l'y ont pas vue, elle
est nulle dans ce rôle où les élans de l'âme et les
souvenirs du cœur sont fréquents. La première moi-
tié est, pour elle, un sujet de tons élégiaques, sans
dignité, sans persuasion. Tout est sur le même
mode, le mode endormant. Mademoiselle Rachel
n'a, de Marie-Stuart, que la femme, et la femme
qui regrette plus les plaisirs du monde, qu'elle n'est
touchée de la perte de son trône, de l'abaissement
de sa grandeur. Elle n'est pas reine un moment. On
dirait plutôt une dame de la Chaussée-d'Antin, dont
le Leycester est Agent-de-Change, position heureuse
autant qu'honorable, mais dont la félicité ne doit
pas rejaillir sur les dehors d'une prisonnière. Dans
son entrevue avec Elisabeth, mademoiselle Rachel
débute par trop d'humilité et termine par trop d'ar-
rogance, ce qu'elle confond avec l'indignation per-
mise à ce cœur ulcéré, qui a tant amassé de fiel dans
l'infortune. Mais ce n'est point une raison pour que
Marie accepte la substitution d'une femme du peuple, querellant avec sa semblable, à la personnalité
d'une princesse qui se respecte jusque dans les

transports du courroux le plus légitime. Ce vers :

Je ne fus pas coupable, et vous ne l'êtes point,

Est dit à contre-sens par mademoiselle Rachel d'une manière inimaginable. Le second hémistiche en devient bête comme Nabuchodonosor.

Au dernier acte, le costume, qui déjà vieillit mademoiselle Rachel, lui donne tout à fait l'air d'une duègne espagnole, et l'on serait moins tenté de l'appeler Marie-Stuart que *dame Béatrix*. L'insensibilité de l'actrice, passant dans sa voix, coupe toute communication avec l'âme des auditeurs, et laisse l'artiste impropre à ranimer le personnage. Les représentations de mademoiselle Rachel ont été ce que dans la langue du pays, on nomme des *fours...* mais bien chauffés.

JUDITH, de Mme de GIRARDIN. — Rôle principal.

Mademoiselle Rachel n'a rien trouvé de grandiose dans l'épouse de Manassé, dans cette femme qui conçoit et réalise un homicide pour sauver ses concitoyens de l'horreur de périr par la soif, en attendant que leur ville tombe aux mains du vainqueur. Elle a répété le rôle avec indifférence, ne cherchant pas à lui demander plus que si l'actrice vaquait, dans le foyer, au travail mnémonique du matin. Elle a, notamment, évité le sens biblique qui l'aurait tiré des grecques et des romaines, selon mademoiselle Rachel. Par subrécot, en rassemblant plusieurs des défauts que j'ai déjà dits, la tragédienne nous a plusieurs fois donné le personnage d'Holopherme,

C'était ses yeux, sa voix et quasi son langage.

Puis à la fin, une transformation s'était opérée : nous avons vu *la veuve du Malabar*... Lemierre a dû sauter de joie au beau milieu des Champs-Elysées. *Judith* a donc été fort mal rendue par mademoiselle Rachel.

LE VIEUX DE LA MONTAGNE, de M. Latour-Saint-Ybars,

lui a dû les traits les plus saillants de son non-succès ;

CATHERINE II, de M. Hippolyte Romand,

n'a pu se relever un instant sous elle ;

VIRGINIE, de M. Latour-Saint-Ybars,

s'est éclipsée du répertoire, seulement à cause de l'actrice ;

LUCRÈCE, de M. Ponsard,

est allée re-mourir des grands coups qu'elle lui a portés.

CLÉOPATRE, de Mme de GIRARDIN,

a trouvé dans son jeu un aspic plus méchant que l'autre.

Les trois dernières de ces pièces veulent que je m'y arrête un instant, toujours au point de vue des *inconséquences* de mademoiselle Rachel. Une belle occasion s'offrait à la tragédienne d'imprimer de la souplesse à son talent, de montrer qu'elle pouvait n'être pas partout psychologiquement et physiquement la même; qu'elle avait au moins le bon sens de distinguer l'âge de ses héroïnes et d'y établir des différences, par les variétés de sa personne. C'était *Virginie* qui la lui présentait. Eh bien ! non-seulement mademoiselle Rachel n'a pas cru à la simplesse, à la suavité, à la naïve pudeur, compagnes de cette force de caractère qui fait préférer la mort à la honte; mais elle n'a pas même indiqué LA JEUNESSE du personnage. Elle s'est tenue, a parlé, a marché comme dans Agrippine ou Phèdre, en femme mariée, qui n'a besoin de personne pour la conduire, et toujours d'après ses idées, qui n'ont qu'*elle* pour objet et fort rarement *la pièce*.

Les rapports qui existent entre *Lucrèce* et *Virginie* ont conduit mademoiselle Rachel aux mêmes fautes dans la tragédie de M. Ponsard. Egalement privée de *jeunesse* et de candeur, l'héroïne n'a rien eu de l'innocente surprise d'une enfant amenée,

5

par violence, dans l'appartement de son ravisseur. Et même je n'affirmerais pas qu'elle ait témoigné, par des appréhensions, inexplicables pour la pureté de Virginie, une très grande ignorance des projets de Sextus.

Cléopâtre n'a pas trouvé mademoiselle Rachel mieux initiée aux ressorts qui la font mouvoir. Elle les a tous brouillés et n'a paru s'occuper que de ses costumes. Point de grandeur, point d'esprit de séduction ; rien d'une reine ambitieuse, rien d'une femme qui veut aimer. C'était un pêle-mêle de tous les rôles de l'actrice, sans en être un seul en particulier. En pouvait-il autrement arriver ? Jugez :

A la première représentation, lorsque la toile s'est levée, au second acte, mademoiselle Rachel, couchée sur son lit, où l'on devait la croire inquiète, n'eût–ce été que pour elle-même, des résultats de la soirée, pensait, ma foi, bien à autre chose ! Ses premiers regards se sont portés sur une personne très connue, placée devant elle dans la loge d'avant-scène ; et, sans s'occuper du qu'en dira-t-on de la salle, elle a, par un signe d'intelligence non équivoque, envoyé le bon soir à qui s'est empressé de partager avec elle la pantomime de ce prologue inattendu. Je l'ai vu, de mes deux yeux vu, et bien d'autres avec moi. Etait-il difficile de prévoir que mademoiselle Rachel allait couper bras et jambes à l'infortunée reine d'Egypte ? L'amputation commençait.

FANTAISIES DE MADEMOISELLE RACHEL.

Je classe sous ce titre les velléités inintelligentes d'actrice à prétentions et sans frein, que s'est permises mademoiselle Rachel, dans le genre comique, sans en excepter celle par laquelle je débute, et qui, en d'autres mains, eût appartenu au genre tragique.

Première fantaisie. — Par une pensée digne du théâtre de Nanterre, ayant remarqué que Lucrèce et Tullie ne se rencontrent pas chez M. Ponsard, mademoiselle Rachel a voulu s'affubler des deux rôles, dans la même soirée. C'est aux planches du Théâtre-Ventadour qu'elle a fait cette tache. Pour essayer de la rendre excusable, on l'avait annoncée au bénéfice de sa sœur Sarah, qui, ce jour-là, s'est nommée Rachel.

Il eut fallu beaucoup plus d'art, de goût, de finesse d'exécution et de talent à se multiplier, que l'actrice n'en possède, pour que le dédoublement fût aussi sensible à l'esprit, que saisissant à l'œil des spectateurs. Pour un peintre, c'eût été le tableau de David et Goliath qu'on voit au Musée, et qui est également bien rendu des deux côtés. Mademoiselle

Rachel n'y a découvert que le fait d'un tour de force, une espèce de danse de corde, tantôt sur le pied de Lucrèce, tantôt sur le pied de Tullie, et toujours aux dépens de l'équilibre. Sans naturel ni grâce dans le premier personnage, et n'ayant, pour le second, ni la flamme ni le ressentiment de l'amour dédaigné qu'il demande, la tragédienne n'a semblé occupée que de charger ses costumes de jouer les deux rôles, en donnant, en faveur du dernier, toutes les marques d'une vive satisfaction. Elle n'a eu, pour le reste, qu'un corps, un visage, une récitation et des manières; de sorte qu'une notable portion du public a fini par ne plus savoir auquel il avait affaire. S'il l'avait demandé à mademoiselle Rachel, je crois qu'elle-même aurait été fort embarrassée de le dire.

DEUXIÈME FANTAISIE. — Deux fois cette actrice, incertaine, par mégarde du pouvoir de son nom sur les recettes extraordinaires, a quitté le cothurne pour le brodequin. Elle a scandé sans plaisanterie les vers de Dorine dans *Tartufe*, et de Marinette dans le *Dépit amoureux*. Elle y était d'un noir, d'un lugubre à faire peur. Le rire grimaçait sur ses lèvres avec un embarras qui ne manquait pas d'impertinence; c'eût été curieux, si ça avait pu être moins hardi. Non seulement mademoiselle Rachel n'indiqua pas une intention de ces deux rôles, mais encore elle eut l'air de ne pas plus comprendre que parler l'idiôme des personnages. Le plus souvent, on ne l'entendait pas, et, quand sa voix poussait des sons perceptibles, c'était désobligeant au dernier point. La leçon des rois l'invita poliment à ne pas risquer de récidives.

TROISIÈME FANTAISIE. — L'OMBRE DE MOLIÈRE, de M. BARBIER. — Rôle de la Comédie sérieuse.

Ceci n'a été qu'un prologue de réouverture en octobre 1847, à la suite de la restauration de la salle du Théâtre-Français. Mademoiselle Rachel y représenta une personne avec laquelle nombre d'autres et moi avons fait, ce soir-là, connaissance. Avant, nous nous étions imaginé qu'il n'existait de *Comédie* que *la Comédie*, celle qui est gaie dans la mesure des sujets, lors même qu'elle veut instruire et corriger; et que, si elle s'avisait de se rembrunir par le *sérieux*, elle changeait de nom, pour s'appeler, de toute notoriété, *le Drame*. La pièce, dont le fond est d'un sérieux qui s'élève jusqu'à la plus haute gravité de la morale divine et humaine, *Tartufe* nous servait de motif et d'exemple, par le ton de *Comédie gaie*, qui, ce me semble, est assez abondamment répandu sur toutes ses parties. Le dénouement lui-même, cette belle péroraison d'un plaidoyer si philosophique et si réjouissant, accusé de noirceur par des sourds, et si vite égayé par ce simple hémistiche : « *Ah! te voilà donc, traître !* » nous paraissait le triomphe de l'art *comique*. Mais la science des mots creux, inventés pour bruire,

nous ayant appris qu'il existait une *Comédie* sérieuse, force nous a été de recevoir mademoiselle
Rachel dans ce personnage. Elle a joué *la Comédie
ennuyée*, et il y a eu contagion.

Quatrième fantaisie. — Une toute petite figure,
encadrée de cheveux noirs surchargés de grappes
de raisin et de toutes sortes de bibelots qui fai-
saient ressembler l'actrice à un Faune descendu de
son piédestal dans les jardins de Versailles, voilà
pour la signification personnelle de *Lesbie*. Quant
au charme, à l'amabilité, à l'esprit, à l'amoureuse
langueur de la maîtresse de Catulle, voici par quoi
mademoiselle Rachel les a remplacés : de la gêne,
de la lourdeur, un enjouement poitrinaire, de gau-
ches minauderies et l'articulation virile d'une tragédienne dont un autre diapazon a maltraité la voix.
Pour la façon dont elle a détaillé l'élégie sur le
trépas du moineau, ce point culminant du rôle de
Lesbie, voir plus bas, à la fable *des Deux Pigeons*.

Cinquième fantaisie. — La pièce du genre mixte,
intitulée *Adrienne Lecouvreur*, n'aurait rien eu, en
dépit du titre, qui convint à mademoiselle Rachel,
si l'intercallation de quelques vers de *Phèdre* n'eût
servi de faux-fuyant à ce choix des auteurs. Selon
moi, ce seul moment de souvenir tragique, n'était
pas assez impérieux pour nécessiter une artiste de
ce genre; toute comédienne intelligente s'en serait
suffisamment acquittée. Le reste y est de l'emploi
comique, mais seulement mitigé suivant la pharma-

copée des docteurs d'aujourd'hui. C'est aussi le chapitre des considérations, faisant partie de beaucoup d'autres chapitres, qui a déterminé la préférence en faveur de mademoiselle Rachel, ravie elle même d'y contenter son appétit théâtral pour tout ce qui lui est le plus nuisible. L'événement a justifié les prévisions de l'impartialité : mademoiselle Rachel n'a rien offert que de très désavantageusement remarquable, dans le rôle d'Adrienne. La grande artiste qui lui prêtait son nom, n'a pas été, une seule fois, reconnaissable. Si pourtant mademoiselle Rachel avait lu, quel profit, à deux fins, n'eût-elle pas tiré de ce passage, extrait d'une lettre familière de mademoiselle Lecouvreur :

« J'ai plus de plaisir, cent fois, à entendre de » bonnes choses, à me trouver dans une société » douce, de gens sages et vertueux, qu'à être étour-» die de toutes les louanges fades que l'on me pro-» digue à tort et à travers ! »

Au lieu d'une composition de personnage, le Public n'a eu que mademoiselle Rachel essayant des singularités pour sa propre distraction, et se fourvoyant plutôt par désœuvrement, que pour chercher à étendre ses connaissances. C'était moins du genre sérieux, que de la parodie. De là vient l'espèce de réussite, Piron ayant affirmé qu'on est désarmé quand on a ri.

Ce qui est d'un autre genre, et ce qu'il serai bien difficile de croire, si l'on n'en était pas témoin, c'est ce qu'imagine mademoiselle Rachel, pour des-

'cendre à la scène, où, précisément, elle devrait s'é-
lever avec plus de sûreté. Conçoit-on que, se mé-
fiant de la propriété des expressions chez Racine,
qui ne s'y entendait pourtant pas mal, après avoir
curieusement piétiné, l'actrice aille mettre le poing
sous le nez de madame de Bouillon, comme pour
lui ingurgiter ce vers :

Ont su se faire un front qui ne rougit *jamais?*

Ce dernier mot, que l'actrice prend pour le mot
de valeur, tandis que c'est *rougit* qui doit l'être,
est exclamé par elle avec une violence gutturale à
lui détacher la luette.

Assurément, si pareille chose était arrivée dans
le salon de la duchesse (et quelle duchesse!), madame de Bouillon aurait sonné ses gens pour faire
remettre mademoiselle Lecouvreur aux mains du
Lieutenant-Général de Police, lequel se serait empressé d'envoyer l'insolente au For-Lévêque.

Par la raison que ce qu'ils font le plus mal est ce
que nombre de gens veulent toujours faire, mademoiselle Rachel, mise au monde, après tout, pour
dire (mais mieux) la tragédie, rêve constamment
aux moyens d'éluder et de s'assurer fausse route.
Elle se complaît à la recherche d'ouvrages qui la
mènent en sens contraire de sa destination. Dans
les détails, elle veut que le tort soit aussi réel que
celui dont ses écoles buissonnières affligent aussi
l'ensemble. Elle chérit les hors-d'œuvres du genre
bucolique, qu'elle cherche à *sentimentaliser* de sa

voix inflexible, et que l'effort des sons flûtés rend excessivement ridicule. Ce goût de l'anacréontique, du champêtre, qui nous avait valu l'élégie de Catulle, très mal lue dans *Lesbie*, a ouvert la fenêtre d'Adrienne Lecouvreur aux *Deux Pigeons*, de Lafontaine, enfantillage-trumeau, dont mademoiselle Rachel a détruit toute la naïveté, gâté toute la poésie, compromis la charmante fabulation, par une afféterie de paroles égale à la pesante mignardise de ses soi-disant petits airs. J'en dirai autant de sa mélancolique allocution au bouquet d'Adrienne, mise encore là pour payer le tribut.

Je devine bien son intention. Mademoiselle Rachel veut répondre aux gens qui déclarent impossible tout commerce entre elle et cette malheureuse *Thalie*, de mythologie si romantiquement condamnée. Son désir est de persuader que, pour ce genre, elle a dans la voix ce qu'il faut de simple, d'agréable, de souple, de varié, de léger, de facile, de gracieux et de naturellement sonore, toutes qualités qui lui sont à jamais refusées. Elle n'y parviendra pas; l'opinion des connaisseurs l'a définitivement jugée sur ce point. Ses amis.... qui l'aiment (on en a tant qui ne vous aiment pas!) doivent lui conseiller de renoncer aux bergeries, au débit damoiseau, pour s'en tenir au tragique; en l'assurant bien, et à sa louange, qu'elle montrera le bout de l'oreille d'un loup cornélien, toutes les fois qu'elle voudra contrefaire un agneau de Florian.

Malgré cela, mademoiselle Rachel, qui semble

douée du caractère des faibles , l'entêtement , in‑
siste, poursuit sa chimère. A travers le prisme qui
l'éblouit , elle croit apercevoir l'emploi de made‑
moiselle Mars, qui s'ouvre devant elle. Pauvre jeune
femme ! Et voyez comme, à pas comptés, elle se di‑
rige vers ces feux-follets adulateurs et mensongers !
Tout à l'heure , nous l'avons trouvée aux prises
avec deux servantes, qui *s'en gaussaient.* Plus loin,
nous allons la voir affronter le prototype des *gran‑
des Coquettes*; non à Paris : elle ne l'ose point en‑
core, mais à l'étranger et dans un département, où
deux mauvais succès n'ont point découragé la dé‑
mence de son ambition. Tout ce qu'on lui dira, tant
qu'elle sera sous l'hallucination de ce chloroforme,
ne servira de rien , elle épuisera la lie du calice.
Mais moi je ne veux pas que le peu que je sais, pac‑
tise avec son devoir , et soit pour quelque chose
dans l'égarement d'un artiste dont il ne sera permis
de désespérer qu'après avoir tout tenté pour son
salut. Puisse-t-elle comprendre que, pour se mon‑
trer son ami le plus vrai , il faut lui dire ce qu'on
lui a trop épargné jusqu'à présent !

Par simple annotation, remarquons en passant
que la FANTAISIE-*Adrienne Lecouvreur* devrait comp‑
ter pour trois, mademoiselle Rachel ayant, par la
première, accueilli ce rôle ; refusé, par la seconde,
et joué, en vertu de la troisième. Mais ne soyons pas
de ceux qui prêtent aux riches, gardons notre pe‑
tite monnaie pour les autres.

Sixième Fantaisie. — Les mânes de mademoiselle Mars ont, sans doute, excusé chez mademoiselle Rachel le désolant courage de substituer à la perfection de l'illustre comédienne, tout le désordre d'un jeu qui déclare la guerre à sa propre vocation. Autant la première avait de décence, de passion contenue, d'habitude du monde et de réserve dans ses démarches en jouant *mademoiselle de Belle-Isle*, autant l'actrice, qui met platement le pied sur l'empreinte de ses pas, apporte d'exagération, de contenance suspecte et de sentiments factices dans cette partie spoliée d'un si bel héritage.

LA MARSEILLAISE.

Septième Fantaisie. — Pour ne rien omettre, je suis obligé de citer cette mélopée politico-dramatique, autre caprice d'une femme qui veut se les passer tous, dût-elle jouer gros jeu dans les hasards de ce contentement. Que voulait dire cette subite irruption, par mademoiselle Rachel, dans une chose étrangère à ses devoirs de théâtre, que personne ne lui demandait et dont l'acteur Brindeau faisait assez le service pour ce dont il était besoin?

On a prétendu que la tragédienne, dont la rentrée récente ne causait point de sensation, s'en était prise à ce qui lui avait paru le plus bizarre pour corriger cette mauvaise fortune. Que cela fut ou non, tout le monde a pensé que mademoiselle Rachel aurait dû, moins qu'une autre, lancer cette pierre dans le dos de gens qui lui avaient été favorables. Quoiqu'il en soit, l'excentricité du fait a mal servi ses desseins, car elle voulait réussir.

Ce n'est pas la fille libre et fière, géante et belliqueuse, de Rouget-Delille, que mademoiselle Rachel nous a fait voir. C'est Tisiphone, la robe sanglante, les serpens à la main et l'écume aux lèvres. Elle ne chantait pas, elle ne parlait pas ; les sons de cette bouche effrayante tenaient du rugissement et du sifflement. Ses yeux n'étaient plus ceux de la couleuvre, ils avaient emprunté le regard de l'hyène ; et tout son corps exhalait d'affreux souvenirs. Avoir été vue, écoutée, soufferte, suivie même, sous cet aspect et malgré ce qu'il fallait en subir, est-ce un succès ? N'y avait-il pas un piège intelligent dans cet encouragement négatif et silencieux du public, qui voulait constater ce que, plus tard, on aurait pu prendre pour les impressions d'un songe ?... Alors, à bien l'entendre, c'est un succès, dont fera, à mademoiselle Rachel, son compliment qui voudra. Je me récuse.

HUITIÈME FANTAISIE. — A Londres, puis à Tours, mademoiselle Rachel a endossé la robe et la responsabilité de Célimène, dans le *Misanthrope*. On assure que la Tamise et l'Indre-et-Loire s'en souviendront! N'ayant pas ouï dire que nul à Paris désirât se donner le spectacle de ce trait de fabuleuse métempsychose, je le rapporte, non pour chatouiller la curiosité du lecteur, mais pour prévenir toute lacune dans cette piquante partie de l'histoire du théâtre.

Et mademoiselle Rachel a eu bien d'autres *fantaisies*!

Plaise à Dieu qu'en fin de compte, l'art et notre première scène ne les aient pas payées trop cher!

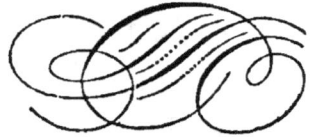

PARTICULARITÉ.

Les rapports entre mademoiselle Rachel et les personnes que j'appellerai ses *petits camarades*, par opposition avec ses protecteurs du grand monde, que la tragédienne protége, étant tout d'intérieur, ne me regardent point. Si ces artistes ne lui accusent pas toujours le chiffre exact des recettes que ses représentations produisent, s'ils le grossissent pour stimuler son zèle, je n'y puis voir, en passant, qu'une bonne intention ; et si elle est dommageable à quelques intérêts de la scène, le danger ne mérite pas d'être plus longuement signalé.

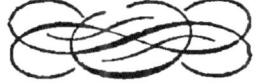

GÉNÉRALITÉ.

Les relations des auteurs dramatiques m'incombent davantage. Je n'hésite point à blâmer ceux qui déclinent la juridiction consacrée, l'audition pure et simple de leurs ouvrages par le *Comité de lecture.* Quand ils en offrent la primeur à une actrice, ils suscitent mille inconvénients de nature à compliquer les obstacles dont ils croient ainsi s'affranchir. Non seulement c'est prendre le plus long pour arriver au théâtre, mais c'est encore s'exposer à être, galamment, dévalisé sur la route. Les pièces qui ont tout à y perdre, aussi bien que les auteurs leur dignité, sortent rarement victorieuses du péril que cela fait courir à la distribution des rôles, et un seul acte de faiblesse engage tout un avenir de travaux. Je ne nomme personne.

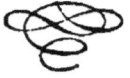

BILAN.

TROIS CATÉGORIES.

Sur trente-cinq rôles échus à mademoiselle Rachel, qu'elle a trouvés, qu'on lui a donnés, qu'elle
a pris et que le hasard ou les idées singulières ont
mis en ses mains, vingt-un sont aussi complètement
tombés qu'il se puisse devant une assemblée comme
celle du Théâtre-Français. Les voici :

PREMIÈRE CATÉGORIE. — Esther. — Aménaïde.
— Monime. — Laodice. — Ariane. — Isabelle, de
Don Sanche d'Arragon. — Bérénice. — Electre.
— Athalie. — Frédégonde, de *Frédégonde et Brunehaut.* — Jeanne-d'Arc. — Judith. — Fatime, du
Vieux de la Montagne. — Agrippine. — Catherine II. — Lucrèce. — Tullie. — Dorine, de *Tartufe.* — Marinette, du *Dépit amoureux.* — La Comédie sérieuse, de l'*Ombre de Molière,* — et la Tisbé, dans *Angélo, tyran de Padoue,* excursion vio-
lente, à tous les titres, et sans aucune portée.

Dix n'ont eu qu'un succès sans conséquence, et
qui, par la seule faute de l'exécution, a déterminé,
pour quelques-uns, l'abandon, à des époques plus
ou moins rapprochées. Si plusieurs des pièces dont
il font partie sont représentées de temps à autre,

c'est par des motifs où les mérites de l'actrice n'entrent pour rien, et aussi à cause de l'indifférence du public, qui ne proteste pas, quand une fois il a jugé. Les voici :

SECONDE CATÉGORIE. — Emilie. — Chimène. — Eriphile. — Pauline. — Marie-Stuart. — Virginie. — Cléopâtre. — Lesbie. — Adrienne Lecouvreur, — et Mademoiselle de Belle-Isle.

Quatre ont réussi, indépendamment de la manière dont ils sont remplis, et de sorte à n'être pas quittés par la tragédienne. Les voici :

TROISIÈME CATÉGORIE. — Camille. — Hermione. — Roxane — et Phèdre.

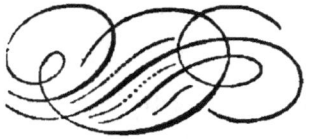

ROLES JOUÉS D'ORIGINE.

Ces rôles sont au nombre de cinq, savoir : Judith. — Fatime, du *Vieux de la Montagne*. — Catherine II. — Virginie — et Cléopâtre.

Ce nombre est de beaucoup inférieur à ce que commandaient l'âge de l'actrice, sa reconnaissance envers le Public, les auteurs et ses camarades, enfin à ce que voulait l'intérêt qu'elle aurait dû prendre au théâtre qui l'a faite. A-t-elle du moins compensé le défaut de la quantité par les avantages de la qualité? On a vu le contraire. *Judith, le Vieux de la Montagne, Catherine II* et *Virginie* ont disparu, malgré les bonnes dispositions du public, qui ne demande pas aux conceptions nouvelles, ce qu'il attend des chefs-d'œuvre remis à la scène. De ces quatre, pas une n'est restée au répertoire, et il est plus que probable que la tragédienne, cause essentielle de leur triste sort, ne fera rien pour les y ramener. *Cléopâtre* y revient un peu ; mais c'est du galvanisme.

Autant de travaux, d'études, de dépenses, de temps, de recettes, d'espérances et d'encouragements perdus pour le théâtre, père nourricier de l'actrice; pour les écrivains, ses appuis, et pour les acteurs, ses confrères !

Il reste donc, d'une part, de tous les chefs-d'œuvre représentés par mademoiselle Rachel, quatre pièces, quatre rôles, rien que *quatre* au service du répertoire (encore expressément réservés à la tragédienne, quatre mois absente, souvent malade) et sur lesquels vit sa répntation.

D'autre part, des pièces nouvelles, il reste deux ouvrages : *Lesbie* et *Adrienne Lecouvreur* ; deux rôles, pas plus de *deux* qui surnagent, tant bien que mal, à la surface de ce Léthé, dragué par l'insuffisance d'une femme plus vantée, plus adulée, plus fêtée, plus applaudie, plus couronnée, plus *bouquetée*, plus enrichie, à elle seule, que ne l'ont été tous les artistes ensemble, depuis la fondation du théâtre. Pareil fait ne se reproduira jamais.

Comptez les priviléges, les immunités, les concessions, les faveurs, les avantages, les congés, les influences, les *indispositions* dont jouit mademoiselle Rachel, et dites : la juste proportion y est-elle ?

En douze années de théâtre, *deux* rôles, deux mourants !

En quatorze ans et demi, Lekain avait joué, tant à la ville qu'à la Cour et en province, *deux mille deux cent soixante-douze* fois ; et, sur ce nombre, il avait *établi* une immense quantité de rôles nouveaux, qui ont tenu très longtemps la scène.

Pour mademoiselle Rachel, y a-t-il de quoi s'é-norgueillir aussi fastueusement et se regimber contre la Critique, dont le devoir est d'opposer à la continuation d'un état de choses si funeste pour tous, destructif de notre plus splendide institution dramatique, les raisonnements et les moyens d'y mettre un terme? Il faut bien indiquer aux artistes, qui ne sont pas des Rachel, les chemins qu'ils ont à tenir et, en leur montrant par où les uns se nuisent, leur apprendre par où les autres se servent. Tel est mon but.

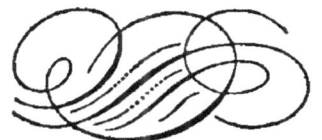

LA TRAGÉDIENNE, DE LA TÊTE AUX PIEDS.

N'ayant pu la saisir, jusqu'à présent, qu'en buste, au fur et à mesure qu'elle passait dans ses rôles, couverte de leur importance, je reprends mon héroïne dans toutes ses proportions.

SES QUALITÉS. — *Elles sont grandes.*

Mademoiselle Rachel a de la représentation. Les costumes de la Grèce et de Rome vont très bien à ce corps qui ne semblerait pas fait pour eux, mais dont elle corrige l'inaptitude par le calme de la tenue, une grande sobriété de gestes, et de la noblesse dans la marche. Si ce n'est le Musée, la collection des statues des Tuileries a été bien observée par elle. Tunique, peplum, manteau, turban, bracelets, tout l'attirail du vêtement la trouve très habile à s'en parer et à en faire ressortir l'élégance, lorsque la manie d'innover ne la porte pas au mauvais goût. Sous les plis onduleux de ses draperies, bien choisies, bien adaptées, ses formes ne paraissent pas grèles, et sa gesticulation facile se tire parfaitement d'affaire dans cet océan de lainage. On disait de Talma : « *C'est une statue qui marche.* »

Mademoiselle Rachel peut hardiment se constituer l'héritière de cet éloge.

Elle a le mérite de rendre sa figure théâtrale, d'illuminer son front qui s'y opposait, et d'armer ses yeux, qui ne sont pas d'une entière ressemblance, de plus de passion qu'ils n'en paraissent susceptibles. [1]

Après cela, sa première qualité est une excellente voix native, qui a deviné, chemin faisant, la vibration, si heureuse, de celle de Talma, et dont le pouvoir serait indicible, si elle voulait abjurer tout charlatanisme.

Mademoiselle Rachel possède, en propre, *l'instinct*, cette compensation des pauvres d'esprit, et qu'elle aurait pu ne pas avoir, parce que, bien qu'il ne soit point cultivé, son esprit est agréable, surtout la première fois qu'on *l'entend*. Cet *instinct de la tragédie*, on ne l'a pas détruit, et c'est grand bonheur, car il joue le rôle de *l'intelligence* avec un certain succès. Mais ce n'est réellement qu'un rôle.

Quand mademoiselle Rachel veut, ou peut, être à la scène, se pénétrer, écouter, répondre et jouer, elle est d'un beau tragique, elle occupe, elle plaît, elle communique, elle fait illusion. Enfin, les deux ensembles de sa personne et de son talent, bien reliés entre eux par une attention soutenue, sont d'une incontestable supériorité.

Je retourne la médaille. — Ses défauts.

Elle n'a pas d'instruction.

Ce reproche est le premier, le plus nécessaire
et le plus fâcheux de tous, car il en est le plus
affligeant, et, pour peu qu'on attende, il sera irré-
médiable. Oui, il n'est que trop vrai que, pour les
connaisseurs, mademoiselle Rachel transpire l'*in-
instruction*. D'où il suit qu'elle nage dans un vague
perpétuel d'idées sans justesse comme sans liai-
sons, d'intentions avortées, de mesquineries or-
gueilleuses et de commencements sans fin. Pas un
historien ne se reflète en elle. On sent que la vie
des douze Césars lui est lettres closes. M. de Ré-
musat, d'un esprit si fin, si distingué, avait aussi
remarqué, sans doute, ce vice originel de l'artiste,
lorsque, à l'occasion de *Marie Stuart*, il lui envoya
un riche exemplaire de l'histoire d'Ecosse. Cette
gracieuseté, sans double entente, aurait dû porter
quelques-uns des fruits qu'elle promettait. Hélas !
la représentation nous a prouvé que le métal du
livre doré sur tranches, tenait encore étroitement
unis les feuillets !

Elle n'a qu'une forme extérieure.

Par la trivialité qui court, tant du fait des acteurs, que sous le patronage des auteurs, bien fou qui demanderait de la noblesse, soutenue pendant tout le cours d'un rôle ! On ne connaît plus cela aujourd'hui. C'est par des traits de la vie la plus commune, par des mots, des gestes de l'expression la plus basse, que l'on travaille à se faire appeler *grand artiste*, et qu'un écrivain dramatique vise au *naturel*, selon la poétique moderne. Je rends, toutefois, cette justice à mademoiselle Rachel, qu'elle ne s'entache point de cette faute, que contredirait sa personne. Mais ce n'est pas une raison pour ne jamais changer sa forme, quelque régulière qu'elle soit. Le lingot de l'or le plus pur, qui resterait lingot, se désisterait des services qu'il est appelé à rendre sous d'autres aspects. En perdant de son utilité, il perdrait de son prix, et, pour être toujours matière précieuse, il n'en serait pas moins objet inerte. Mademoiselle Rachel autorise le parallèle en n'offrant à la vue des spectateurs, qu'une seule et même personnification tragique. La variété, en cela, est pourtant aussi nécessaire que le sont les différences morales. Dès qu'il se présente, l'acteur doit donner au public une idée approximative de ce qu'il est, de ce qui l'anime, afin qu'une fusion rapide et juste s'établisse entre le personnage et l'action à laquelle il va prendre part. L'oreille attend, mais les yeux se prennent tout de suite.

Loin de là, partout et toujours, mademoiselle Rachel entre en scène et se donne pour la même héroïne, c'est-à-dire pour une femme lente, froide, souffreteuse, qui a mal dormi et peu disposée à lier conversation. A l'uniformité de ses moules, on dirait qu'elle représente toujours ses sœurs jumelles. On a loué son galbe antique; elle vous invite tacitement à continuer :

Aimez-vous la statue? Elle en a mis partout.

Ariane heureuse, ou trahie ; Marie Stuart en prison, ou libre ; Pauline idolâtre, ou chrétienne, tous les personnages, en tant qu'individus, sont, pour elle, exactement pareils. Ils viennent, s'en vont, reviennent et s'éloignent enveloppés du même pardessus physionomique, à cela près, seulement, d'un peu plus, ou d'un peu moins de douceur ou de colère dans le regard, suivant que les paroles du poète le commandent. Camille est tout aussi solennelle, morose et boudeuse, quand elle accourt vers Sabine en prononçant ce vers :

Ma sœur, que je vous dise une bonne nouvelle,

que lorsqu'elle dit à Julie :

Qu'elle a tort de vouloir que je vous entretienne!
Croit-elle ma douleur moins vive que la sienne?

La joie théâtrale de mademoiselle Rachel est fort sujette au spleen.

Par une petite dérogation au titre de cet article, je dirai ceci : Remarquablement antique, sous les parures et les vêtements grecs et romains, l'individualité de mademoiselle Rachel n'a plus le même charme sous d'autres costumes. La tragédienne devient ordinaire et tant soit peu bourgeoise ; mais sans tomber dans le commun, et en s'arrêtant toujours à la classe moyenne, sa limite indispensable. (Voir ce que je dis à l'occasion de *Marie Stuart.*)

Elle gâte sa voix.

Des efforts, des abus de moyens, des chocs de toute espèce et des éloges de toute imposture, travaillent, réussissent à détériorer, à perdre la voix de mademoiselle Rachel. Les sons doux et tendres lui deviennent, de plus en plus, impossibles. Nous avons vu, plus haut, que l'actrice le sait, par le soin qu'elle prend de prouver le contraire, car c'est pour cela qu'elle penche vers l'anacréontique, espérant autoriser ainsi ses envahissements dans tous les genres. Cette voix, qui mordait si bien l'*ironie*, n'y est déjà plus aussi heureuse ; elle grince, à présent, et s'éraille par la contraction. La bouche, qui veut lui porter secours, s'allonge en un disgracieux ovale, et trace un angle perpendiculairement incliné vers la terre. Il en sort des bruits ronflants, houleux, pleins de fusées étranges, qui aboutissent, d'un gloussement ténébreux, à un fausset glapissant, quand ce n'est pas un arrachement de gosier qui déchire les syllabes. Ce fausset, qui sautille, se loge ponctuellement à la finale de chaque vers. Il arrive même à l'état de musique horripilante, et, pour comble d'ennui, il fait école ; presque toutes ces dames en jouent.

Dans les grandes fureurs, les lèvres de mademoiselle Rachel, toujours en ovale, se lancent au-delà de la projection du nez, et crayonnent une moue sur laquelle l'artiste ne peut exercer trop de surveillance, si elle n'a pas l'intention de passer, du sévère, au plaisant.

Obligé de se conformer à la redondance de la diction, le timbre de cette voix se fatigue, à dire d'oreilles. Il a de la propension à une sorte de râle qui annonce une usure imminente, et le plus grand malheur de la tragédienne, à qui il ne resterait pas assez pour continuer, si elle perdait le charme séducteur d'un organe aussi rare. C'est en vantant le méchant usage qu'elle en fait, et en ne l'avertis--sant pas, qu'on active l'augmentation de cette dis-grâce. *Ils* ont de même égaré mademoiselle Duchesnois, en exagérant l'effet du don des larmes, qu'elle avait, d'abord, heureusement cultivé. Et mademoiselle Duchesnois a fini par tout *pleurer*. Mademoiselle Rachel est, aujourd'hui, sur le point de tout *sombrer*.

Son jeu est partout le même.

Le défaut de savoir historique, déjà reproché, se fait sentir dans le jeu de mademoiselle Rachel, jusqu'à la désolation des connaisseurs. Il s'ensuit que l'actrice n'a point de *types*, et n'a que des *per-*

sonnages, souvent même que des *rôles*. Et tous se réduisent, à très peu de différence près, à un seul. Pas un cachet particulier n'a encore été gravé par elle, qui atteste la réflexion et le jugement. Elle donne la matière, et n'idéalise point. Ce jeu triste et blasé, qui s'obéit et ne s'aime pas, a des agencements toujours pareils, de petites machinations à l'usage de quelques idées dramatiques tournant autour d'une tête expressive, sans y entrer. En toute occasion, même feu roulant de mots balonnés, de regards vifs, mais sans intentions définissables, mêmes supputations routinières, à l'adresse de ces messieurs qui claquent. Je ne fouetterai pas ces pauvretés du nom technique de *ficelles*, parce que la critique d'une artiste telle que mademoiselle Rachel, ne doit point parler l'argot des coulisses, et qu'en honorant la position, on a le respect de soi-même ; mais bien d'autres que moi, en auraient envie.

La tendance générale de ce jeu est d'être un peu matamore, j'allais dire spadassin, dans les moments où la force de la personne ne répondant pas à celle de la situation, les *grands moyens* sont nécessaires. Alors, ce n'est plus de la tragédie, c'est du tapage.

Sa diction est incohérente.

Ce que son *instinct* a dit, une fois pour toutes, à mademoiselle Rachel, joint à ce que lui a inoculé le professeur, et conseillé le *tran-tran* de la scène, le *ron-ron* du débit, forment toute la science de sa diction. Au lieu de consulter la situation et de chercher le caractère, elle va, tout droit et tout d'une traite, dans un rôle. Elle croit que tout est obtenu quand elle a récité les vers en les saupoudrant de leurs ingrédiens d'habitude, le chant noté, pompeux, bredouilleur, tonnant ou mielleux, presque toujours en sens inverse de la situation.

Ce qu'il faut que j'appelle enfin par son nom, L'IGNORANCE éclate, de scène en scène, et d'un vers à l'autre, dans ce qui est de la partie oratoire. Les observations qui en ressortent me paraissent frappantes de vérité. Perdue dans ce dédale d'irréflexions, sans avoir pour guides quelques-unes des notions qu'on s'approprie quand on veut lire, mademoiselle Rachel flotte au gré, aux risques de ce qui va se passer d'elle à elle. Il en découle à pleins bords ceci : quand, par hasard, elle dit juste, son jeu est faux ; et souvent, lorsqu'elle dit faux, il se trouve, par le même hasard, qu'elle joue juste ; il y a désunion entre la pensée et le corps, entre le poète et l'artiste. Bizarre affinité, et qui n'est pas la seule de mademoiselle Rachel, avec le Romantique ! Chez ce dernier, si la pensée est commune, l'expression se fait ampoulée ; et si, au contraire, la pensée a de l'élévation, le mot est ignoble. Total : *zéro.*

L'homogénéité est donc absente du jeu de mademoiselle Rachel, et je doute que la tragédienne

puisse mettre immédiatement en prose ce qu'elle
vient d'exprimer en vers. Malgré le rapport établi ci-derrière, son école n'est pas tranchée : le
rythme classique lui est aussi étranger que la ha-
chure romantique. Son lyrisme est sourd, trainant,
monotone, sans images, sans éclairs. Elle n'a vrai-
ment pas de *style*, comme on doit l'entendre ici.
A la tragédie, qui demande de la grande peinture à
l'huile, elle répond par le procédé de l'aquarelle,
avec des tons foncés et heurtés, pour toute vigueur.

Je suis bien informé ; mademoiselle Rachel sait
ses rôles, et souvent même, les pièces entières, ap-
prises dans sa jeunesse. Mais cela ne lui est d'aucun secours. Ses distractions, ses infidélités de mémoire sont telles, qu'à bien l'examiner, on voit
qu'elle ne se rend aucun compte de ce qu'elle dit ;
ne s'attend pas à ce qu'elle va dire et ne se souvient plus de ce qu'elle a dit. Pour bien faire, ses
rôles devraient lui voter des jetons de présence ; je
suis persuadé qu'elle y assisterait.

Elle n'a pas de sensibilité.

Ce don, le premier qui se révèle dans l'homme
et qui constitue tout l'artiste, ce privilége qu'aucun artifice ne remplace ; qui peut, à lui seul, plus
que tous le avantages réunis ; ce présent du ciel,
dont l'assistance est si charitable dans tous les arts,
dans les professions même, mademoiselle Rachel

ne l'a point reçu. Pour y suppléer, elle se travaille, et rien ne vient ; elle se presse et rien ne sort. La flèche ardente n'a pas été dirigée vers ce cœur. Le bronze ne s'amollit qu'à la condition de fondre, et dans cet état, il a perdu les siennes. Mademoiselle Rachel a de la chaleur sans âme, une chaleur impassible et qui n'a point d'aménité. Nous la verrons tout à l'heure réduite à bien peu de chose. On n'y sent rien de ce qui touche et subjugue, de ce qui va de l'âme à l'âme et forme des fils d'attraction entre le spectateur et le comédien. Il y a des gens qui approuvent ces efforts (il faut de toutes choses pour tous les goûts), il n'y en a point qui s'y plaisent avec sincérité. Cette pénible besogne donne des effets rogues et gourmés, quand il leur faudrait l'air du dévouement pour excuse. Une animation semblable est rusée, moqueuse ; elle semble plutôt se rire de la sensibilité, que de chercher à la provoquer chez l'auditeur. En somme, peut-être n'est-ce pas, relativement, un tort, car, si elle voulait attendrir, elle n'y réussirait point, et cela priverait la tragédienne de sa spécialité dure.

Unique et singulier talent, qui triomphe dans la reproduction des natures perverses, dans l'expression des sentiments amers et dans l'âcreté des paroles qui offensent !

On dirait que, plus que tout autre, il a besoin de se faire pardonner.

¹ Dès lors, ni élans trouvés, ni initiative, ni rien

de ce qui tombe subitement des cieux, aux invocations de l'artiste dramatique. Mademoiselle Rachel ignore le *Fata viam invenient* de ceux qui dédaignent le calcul et comptent sur l'inspiration. Il ne suffit pas d'entasser bruits sur bruits, mots sur mots, Pélion sur Ossa ; l'art théâtral a de plus nobles buts. Toutes les émotions, tous les sentiments font partie de ses conquêtes, et on n'obtient celles-ci, dans le tragique surtout, qu'avec ce que madame de Staël appelait *du par de là.*

Son énergie est plus nerveuse que profonde.

Grattez-la, si j'ose m'exprimer ainsi, grattez cette énergie, et vous trouverez bientôt le tuf, qui est tout uniment le désir de frapper fort. On n'est *énergique* dans le sens vrai, qu'en associant les troubles de l'âme à la pratique des démonstrations extérieures. Encore, la noblesse y est-elle obligée, sinon, vous aurez la *brutalité*, l'énergie de la rue, à laquelle tous les genres de mollesse sont préférables. Je veux être juste : mademoiselle Rachel ne s'abaisse point jusque là ; la force de sa santé et ses moyens vocaux s'y refusent. Mais il n'en est pas moins réel que, toutes proportions gardées, ce qu'elle a d'apparences énergiques dans son jeu, est plus fébrile que passionné, plus l'effet des nerfs, que le résultat de ses convictions de sentiment, ou même de l'emportement causé par la chagrine certitude de la faiblesse de sa conformation.

Elle n'a, au théâtre, ni esprit, ni intelligence, ni goût.

L'esprit est la *raison assaisonnée*. L'intelligence est la compréhension des choses, soit qu'on nous les enseigne, soit que des voix intérieures nous les disent. Le goût est, à ces deux qualités, ce que le parfum est aux fleurs ; qu'elles le perdent, il ne leur reste que du plaisir pour les yeux, le corps est présent, mais l'âme est envolée. Qui ne préfère l'humble Violette à l'orgueilleux Camélia ? Ne semble-t-il pas qu'une punition secrète pèse sur la fleur inodore ; plus elle est belle, plus on la plaint.

Est-ce avoir de l'*esprit* que ne pas assaisonner sa raison pour bien juger un rôle ? Est-ce de l'*intelligence* que tout confondre, dans un personnage, au point de rendre inexplicable pour soi-même, ce qu'on a follement dénaturé ? Enfin, est-ce avoir du *goût* que de coudre des contre-sens, des petitesses, des billevesées, du ridicule à la trame sérieuse des œuvres du génie ; de mal s'habiller, en certains cas, et de ne pas repousser la poix-résine des faux succès, pour n'accepter que l'encens pur et légitime des applaudissements qui honorent ?

Elle ignore les mœurs de la scène.

Ce que j'ai dit de la confusion des personnages

7

par mademoiselle Rachel, qui, en ne variant ni sa personne ni son jeu, semble les prendre tous pour le même, va se confirmer pleinement ici. Au théâtre, les classes sont distinctes, comme partout, quoiqu'on en prétende. Des usages, des convenances de localités doivent donc y être observés et maintenus, aussi exactement que les convenances et les usages du monde, qui ont force de loi. Loin que la civilisation finisse où le théâtre commence, ce dernier a le devoir d'être incessamment secourable à la marche de ses progrès. C'est par là qu'il prouve *sa raison d'être*, et qu'en annihilant le reproche de frivolité, il se place au rang des institutions.

Les lignes une fois tirées, les séparations reconnues, l'échange est de droit entre les personnes, celles-là pour céder aux déférences, celles-ci pour en recevoir les marques. Mademoiselle Rachel n'a jamais entendu parler de cela. Elle approche tous ses interlocuteurs, et s'en laisse approcher, à l'égal les uns des autres, ne s'étant jamais avisée d'y chercher des différences. Roxane marche sur Bajazet qu'elle aime, comme Camille sur Horace qu'elle hait; et ainsi du reste. Elle se tient près d'eux, leur parle, les écoute, avec le même maintien, la même voix, la même attention feinte et diffuse; c'est tout un pour l'actrice. Elle ne sait pas que des acteurs, faibles de talent, se sont distingués par la seule manière d'aborder une femme en scène et de changer de façons en changeant

d'interlocuteurs, ou quand les mêmes interlocuteurs changeaient entre eux de situations.

Ici, se place un exemple appartenant à l'ordre
des idées strictement dramatiques, mais dont la
déduction est logique. On raconte qu'à la deuxième
scène du second acte de *Polyeucte*, mademoiselle
Fleury, dont j'ai parlé, au sujet de cette pièce, se
recommandait étonnamment à l'admiration par un
simple jeu muet, par la distance respectueuse
qu'elle observait entre Pauline et Sévère, cet ancien amant envers qui elle est assez fidèle épouse
pour lui dire :

> Si le ciel à mon choix eût mis mon hyménée,
> A vos seules vertus je me serais donnée...
> Un je ne sais quel charme encor vers vous m'emporte ;
> Votre mérite est grand, si ma raison est forte...
> Mais si vous estimez ce vertueux devoir,
> Conservez-m'en la gloire et cessez de me voir.

Si Sévère avançait d'un pas, Pauline, impercepti-
blement, se trouvait plus éloignée de lui, et, par
ce seul trait de pudeur conjugale, unissait le sentiment exquis d'une grande artiste à tout ce que
l'acteur peut ajouter d'intérêt aux plus admirables
scènes.

Quand bien même ces oppositions n'auraient pas
le mieux pour objet, le savoir-vivre les voudrait.
En quelque intimité qu'on soit, parle-t-on à la
maîtresse d'une maison, comme au maître ? A son
supérieur, comme à son inférieur ? A sa mère,
comme à une autre femme ? Achille, en présence

de deux rois, ne fait-il pas sentir que l'un est le chef de vingt monarques, et que l'autre est le petit souverain d'Ithaque? Pour en finir, Clitandre n'use-t-il pas, dans ses inflexions de voix, de plus d'égards envers Philaminte, la mère d'Henriette, qu'envers Bélise, simplement sœur de Chrysale? Et les Moncade, même, ces libertins d'assez bonne composition sur les distances, ne font-ils pas quelque état du sexe de Lisette et de celui de Pasquin?

L'art de *jouer la comédie* serait, en vérité, trop facile, et perdrait toute sa considération, s'il se bornait à ce qu'on ne voit que trop : des gens allant et venant sur la scène, sans savoir ni quoi ni qu'est-ce; n'ayant qu'une forme pour tout, se débarrassant de leurs rôles comme le mauvais écolier de son *pensum*, et aussi rebelles aux conseils qu'indifférents à leur propre réussite. Au lieu de fouler les planches, ceux-là devraient les raboter.

Le véritable comédien est fait d'autre sorte. Il comprend que l'art, soumis à des lois, à des règles, veut que lui-même le soit à des devoirs, à des travaux de recherches et de composition qui l'assimilent aux hommes de méditation, de puissance, d'avancement et de besoin. Il s'applique, il découvre et finit par être au théâtre, ce que sa profession lui commande, savoir : une fraction vraie de la société qu'il explore et à laquelle il veut être utile.

Mademoiselle Rachel ne prend pas tant de soins. Je le répète, en scène, jamais elle ne sait à qui elle adresse la parole. Tous les héros se noient et se confondent dans le vague de ses intentions. Elle fait le même accueil à quiconque se présente, sans vouloir s'enquérir si c'est Oreste ou Turlupin, Clytemnestre ou madame Grognac. Elle engage ses entours à en agir de même, par les façons de faire dont elle reçoit les communications à établir entre sa personne et la leur. Le talent de *poser* un personnage autrement que par la seule attitude du corps, et de nuancer les détails, pour les fondre dans une composition d'où ressorte l'harmonie picturale, lui est parfaitement inconnu. Elle pense à elle, pour tout ensemble, et quand elle a le succès de son *personnalisme*, tout est dit.

Elle n'a pas le feu créateur.

Je n'entends pas, par *création*, ce qu'en termes de journalistes, on concède à l'absolu, au comédien jouant pour la première fois un rôle. Je vois en cela une atteinte au principe de la propriété, attendu que *l'auteur* est le seul qui ait CRÉÉ l'œuvre, et que, sans celle-ci, l'ouvrier *secondaire* ne serait pas; ce qui ne saurait empêcher l'œuvre d'exister, puisqu'il y a d'autres moyens de reproduction. J'entends par *le feu créateur*, la part grande et forte, honorable et belle, qu'y prend l'acteur, lorsque, par son intermédiaire, l'ouvrage reçoit une seconde vie, plus palpable, plus frappante que la première, et qui déjà popularise ce que continuent les autres moyens, quand l'artiste a passé; car ce dernier meurt, et l'écrit reste. Donc, à chacun sa gloire, et personne ne se plaindra.

Pour cette absence de feu vivifiant, en ce qui regarde l'interprétation scénique, le mal est fait : jamais mademoiselle Rachel *n'établira*, ne *jouera d'origine*, entièrement bien un rôle. Jamais elle ne donnera à un personnage la vérité héroïque qui le caractérise, si elle ne cesse d'*ignorer*. Qu'elle y pense : il est déjà tard pour qu'elle *apprenne*! Les cinq rôles que lui ont confiés nos auteurs vivants, en font foi, et les ouvrages du vieux répertoire qu'on a remis, sans avoir eu le temps de lui inculquer les traditions de l'école, ont donné le même résultat. Elle a fait, de ces originaux, autant *de Rachel* à son image, et non à celles que l'art des poètes leur a exclusivement imprimées, soit historiques, soit fabuleuses. Il y a plus : c'est que, dans ses *quatre* rôles les mieux réussis, ce n'est ni par l'exactitude de la représentation physique, ni par celle des caractères, que ce succès a été obtenu. Ça a été par le contraire de ce qui devait être (mais que le Public ne prenait pas la peine de contrôler, sous le joug des Claqueurs), et par l'effet de la nouveauté d'une actrice à laquelle il a été convenu de tout accorder. La fortune a de ces caprices. On ne la rendra pas moins déraisonnable; ce ne serait plus la fortune.

Mademoiselle Rachel ne peut remplir plusieurs emplois.

Quand ils ont voulu être favorablement remarqués , les acteurs se sont laissé conduire par le temps, aux changements d'*emplois*, chose toujours difficile. On n'a point d'exemple d'une réputation égale dans plusieurs classes de rôles, pour ceux qui n'ont pas su attendre. L'une nuit à l'autre. Un talent, mûr pour Athalie ou Sémiramis, ne l'est pas pour Agrippine ou Léontine d'*Héraclius*. En outre, l'extérieur d'un comédien n'est jamais assez malléable pour se plier à ces effets de conformation externe, dont le public s'amuse à guetter les subterfuges, bien qu'aujourd'hui, on ait beaucoup gagné sous ce rapport. La voix de l'acteur ne peut s'y prêter qu'aux dépens de plusieurs des ressources de son clavier, de sa conservation même, car l'instrument est d'une susceptibilité dont on ne se pénètre pas assez, cela se voit à nombre d'imprudences.

Avec des facultés tragiques aussi bornées, mademoiselle Rachel veut tenir ensemble l'emploi des *Premiers rôles*, celui des *grandes Princesses*, celui des *jeunes Princesses* et celui des *Reines*. C'est trop des trois quarts. Sa physionomie générale, l'étendue et le peu de flexibilité de son talent, y mettent de graves oppositions. Qu'elle le sache donc, la réussite qu'elle rencontre dans le dernier de ces emplois, n'a d'autres fondements que celui sur lesquels se sont élevés ses succès d'enfant. C'était, alors, son âge, en contradiction flagrante avec celui des personnages, qui rendait piquante la tentative, et *irréfusables* les applaudissements. Ne pouvant être juste mal à propos, le Public devenait partial par circonstance, et cela n'était pas dépourvu d'équité. Si mademoiselle Rachel avait commencé comme les débutantes ordinaires par des rôles que pussent approuver sa nature frêle et la date de son extrait de baptême, Iphigénie, Junie, Aricie, etc. elle aurait indubitablement réussi. On se serait accordé à lui trouver de très heureuses dispositions, de la puissance dans la voix, et le sentiment instinctif du théâtre. Mais il n'y aurait pas eu de fétichisme, et, en tenant aujourd'hui parole, l'actrice n'occuperait point un rang qui efface tous les autres. Théâtre, auteurs, Public et artistes y gagneraient. A présent, c'est le tour de l'emploi des *Reines.* Mademoiselle Rachel devance l'époque ; et son âge, étant à ses nouveaux rôles, ce que sa première jeunesse était aux autres, le retour de la même partialité bienveillante devient encore la conséquence de son entreprise. On ne veut pas voir tout ce qu'elle laisse à désirer, on dit, comme auparavant : « *Elle est encore bien jeune pour cela!* » Les échos commentateurs répondent : « grand succès... et voilà ! »

TROP DE LUXE.

A toi, Gilbert, les honneurs du pas !

> Cloris n'est que parée, et Cloris se croit belle.
> En vêtements légers, l'or s'est changé pour elle :
> Son front luit étoilé de mille diamants ;
> Et mille autres encore, effrontés ornements,
> Serpentent sur son sein, pendent à ses oreilles ;
> Les arts, pour l'embellir, ont uni leurs merveilles.
> Vingt familles, enfin, couleraient d'heureux jours,
> Riches des seuls trésors perdus pour ses atours.

En ne prenant, de la citation, que le nécessaire, il est une chose, de même apparence, dont je ferai un sujet de reproche à l'actrice, ayant nom *Rachel*, et que je prie la femme du monde de laisser de côté. Pourquoi ce luxe fulminant, cette profusion sans nécessité, d'or, de pierreries, de bijoux magnifiques, de tissus merveilleux, d'objets d'arts inconnus, de bracelets superposés, d'armes étincelantes, sous lesquels fléchit la tragédienne, et qui ne sont pas du vêtement des personnages ? Loin de servir l'illusion, ces prodigalités inutiles la fâchent en suggérant aux spectateurs d'autres pensées que celles dont la pièce réclame le concours. Un rôle sera-t-il mieux joué parce que les cheveux de l'héroïne disputeront au firmament ses mondes, et que sa poitrine brillera par l'imitation des gerbes et tournesols empruntés aux feux d'artifices ? Nouvelles

preuves du défaut d'instruction, et qui se lient beaucoup trop à ces indiscrets récits de la publicité où,
naguère encore, on a vu piaffer un *Poney* de Londres,
offert en présent au petit garçon de la tragédienne,
qu'on allait *voir sortir* de son HÔTEL, pour s'exta-
sier sur le groupe. Toutes choses qui ne regardent
personne , et qu'il vaudrait beaucoup mieux taire.

Si le talent d'un acteur consiste à reproduire la
boutique de Mellerio-Meller, on en viendra facile-
ment à transporter soi-même sur la scène des échan-
tillons du magasin de Mombro. Ce serait toute une
razzia, tout un déménagement. Nous verrions la
Femme-affiche , dont le mari se promène , à l'an-
glaise, sur nos places, et le Public n'irait plus au
spectacle que pour connaître les renouvellements
du Bazar. Sérieusement, ce n'est pas, j'en suis sûr,
pour imposer aux assistants la plus froide des admirations, qu'une personne de théâtre use de pareils moyens ; un désir d'enfant peut, seul, en inspirer l'idée. On l'aurait compris lorsque mademoiselle Rachel en était aux acquisitions de ses
4,000 fr. d'appointements. La joie de voir ses éco-
nomies plaider, sous les yeux du Public, en faveur
de son succès, eût été toute naturelle et partagée
de tout le monde ; on aime tant à estimer ce qu'on
admire ! Ce n'est pas davantage pour éclipser des
rivales qu'elle n'a point, ni pour insulter à une position qu'elle n'a plus, ni enfin, pour lutter de ce
qui ne ressemble en rien au fruit des études, aux
progrès du travail , que la tragédienne surcharge

ainsi sa personne d'ornements nuisibles à la vérité des rôles, à la persuasion des spectateurs. Elle est, maintenant, au-dessus des jouissances d'une vanité puérile ; et, sans doute, elle y renoncera, quand elle y aura reconnu de véritables inconvénients pour l'esprit du théâtre , et l'occasion d'un blâme fondé pour ce qui ne s'accorde pas avec la délicatesse de ses sentiments de comédienne.

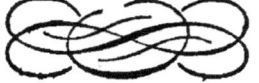

LA PROPRIÉTÉ C'EST LE DROIT.

Mademoiselle Rachel appartient au Public, corps
et âme d'artiste. Donc, elle ne peut disposer de sa
personne, ni compromettre, par des voyages en
dehors de ses congés, ce qui n'est pas son bien.
Son dernier contrat veut qu'elle joue à Paris deux
fois par semaine, et que, pour la troisième, elle re-
çoive *cinq cents francs*, en sus d'un énorme traitement, d'un traitement incompris. C'est bien assez !

Glissons ici que mademoiselle Clairon, mademoiselle Duménil et autres de leurs temps,, tou-
chaient VINGT SOUS de *feu*, par rôle, ce qu'on appelait, alors, le *droit d'assistance* ; et *trois livres*, pour
aller aux assemblées. Lekain recevait ces vingt sous,
qu'il représentât le Soudan de *Zaïre*, ou l'Agnelet
de l'*Avocat Patelin* ; car, en vertu des Règlements,
il a paru longtemps dans les deux genres. Oui, mes-
dames et messieurs, Orosmane jouait Agnelet !!...
Frémissez.

Je reviens et je dis que lorsque, au lieu du repos
qu'elle nous doit, mademoiselle Rachel emploie ses
jours disponibles à courir vers les théâtres éloignés
où les chemins de fer aboutissent, elle prend ce
qui n'est pas à elle, elle dérobe à la fois l'admiration pour ses mérites, qui est l'intérêt de notre ar-
gent, et les moyens les plus sûrs de conserver long-

temps une santé aussi *chère*. Cette propriété, c'est le droit du Public, des auteurs vivants et celui du Budget de l'Etat, dispensateur de la subvention.

Car enfin, quand il s'agit de mademoiselle Rachel bien portante, nous autres imposés de toutes les classes, pouvons répéter à ceux qui fréquentent assidûment les théâtres, ce qu'a dit Corneille au cardinal de Richelieu, a propos de son épitre dédicatoire de la tragédie d'*Horace* :

« Nous ne rendons pas un petit service à l'Etat, » puisque, contribuant à vos divertissements, nous » contribuons à l'entretien d'une santé qui lui est » si précieuse. »

Je souhaite que ce rapprochement entre le cardinal de Richelieu et mademoiselle Rachel obtienne l'absolution de mon gros péché, contenu dans le parallèle où cette artiste est si sommairement représentée par la tabatière de Geoffroi.

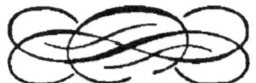

DANS LA COMÉDIE.

Mademoiselle Rachel est, pour cette partie de l'art, l'antipode le plus complet que Dieu, dans sa puissance infinie, veuille jamais tirer des atômes dont il a formé le genre humain. Elle n'y est pas, un seul instant discutable.

Que ces appréciations ne soient point prises pour des conjectures, et qu'on ne répète pas, après Henriette, des *Femmes savantes* :

> C'est avoir de bons yeux que de voir tout cela.

Au théâtre, tout se révèle aisément à qui sait se rendre compte et à l'intuition qui sonde à coup sûr. Il en est, de ces aperçus, comme des signes indéchiffrables, muets pour les uns, clairs et parlants pour les autres, auxquels on reconnaît, à la simple vue, le provincial débarquant du wagon ; l'homme bien élevé, sous l'habit le plus modeste ; la femme honnête, à sa démarche ; celle qui va en sens opposé, etc. etc. Ce sont choses légalement acquises à l'habitude d'observer et au besoin de connaître.

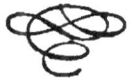

SITUATION THÉATRALE. — LE PUBLIC.

Malheureusement, *il n'y a plus de Public*. Il a donné sa démission d'arbitre souverain, depuis que l'envahissement du parterre et des loges le contraint au double silence de l'approbation qui l'humilierait, et du blâme qui compromettrait sa sécurité. Le parti-pris est si bien caractérisé qu'en certains instants, l'observateur se sent ému de la crainte que le public ne soit passé, de cette réserve, à une indifférence offensante pour le comédien, tenté de lui dire : « *Monseigneur, faites-moi l'honneur de me siffler.* » Ce qu'il y a de positif, c'est que les plus grandes duretés d'une opinion démésurément injuste, sembleraient préférables à cette nonchalance de satisfaction, à ce *sempre bene* qui n'examine pas et reçoit tout comme si on ne lui offrait rien. Du moins, on ne dénierait point aux artistes dramatiques la pauvre petite politesse de s'apercevoir qu'ils existent; il y aurait appel, et, vraisemblablement, *retour* en grâce.

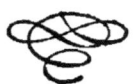

LA CRITIQUE.

Deux hommes parcourent ensemble un chemin rapide et glissant, suspendu entre deux abîmes. Un témoin de leur course périlleuse, bien placé pour juger de la ligne exacte à tenir par chacun de ces nouveaux Icare, les suit de l'œil, les interpelle de la voix. Au premier, qui n'occupe que les bords, il crie sans scrupule : « *Très bien ! bravo ! bravissimo !*....... » et le malheureux, entraîné par la pente, va rouler au fond du gouffre, aux acclamations de son imprudent admirateur ! Mais, à l'autre, le même témoin ne permet pas le plus petit écart ; il le dirige avec soin :

Inter utrumque tene ! medio tutissimus ibis !

Tour à tour, il rassure ses alarmes, inquiète sa confiance, double ses forces, et le conduit, sain et sauf, au but.

Ces deux hommes sont l'écrivain et l'artiste. Le témoin, c'est le Critique. Le premier est oublié ; le second arrive aux honneurs. Quant au Critique, voici sa part, curieuse et révoltante : on l'appelle *le bienfaiteur* de celui qu'il a perdu, et L'ENNEMI de celui qu'il a sauvé !.......

Que faire donc ?

Son devoir. Écrire pour éclairer, si les travaux

et l'âge ont allumé en nous quelque chose du phare libérateur ; jeter sa bouée de sauvetage partout où il y a des intelligences à recueillir, et se résigner à la calomnie, en essayant, soi-même, de la grandir, puisqu'elle se mesure à l'étendue du bienqu'on a fait. Les exemples fameux ne me manqueraient pas.

Par une désolante métamorphose, la Critique n'est plus cette dixième Muse, au regard scrutateur et profond, au front calme et bienveillant, à la marche puissante et assurée ; qui, d'une main, porte un flambeau, de l'autre une verge, levée comme à regret contre les rebelles ; foulant aux pieds les mauvais livres, et tenant, passées dans son bras, les couronnes tressées pour les œuvres du génie. Sa devise est : « *Je fonde.* »

C'est à présent (sauf l'exception) une jolie petite personne, accorté, pimpante, jaseuse, bon enfant, qui rit de tout, exalte tout, bat des mains à tout venant, se garde bien de contrarier les plus hardies, les plus folles tentatives ; se fait un jargon, et n'aspire qu'à s'amuser pour amuser les autres. Elle a pris pour devise : *Je passe.*

L'une est le rayon qui féconde, l'autre est l'ouragan qui détruit.

Comment en un plomb vil l'or pur s'est-il changé ?

Est-ce qu'il n'est plus vrai que les idées ne peuvent se soustraire aux deux juridictions de toute éternité : le Public, qui juge les juges, et le Temps, qui révise les arrêts du Public ?

8

Or, jamais décisions du mensonge et de la partialité, quelque agréable qu'ait été la forme dont on les ait revêtues, ont-elles traversé les époques diverses et laissé de favorables lueurs ? Non. Le phosphore n'est pas la lumière. Quel ouvrage estimable a-t-on vu périr sous les traits acérés d'une désapprobation sans motifs ? Où sont les écrivains, les artistes, les hommes de la pensée, dont le vrai mérite ait été éclipsé par le talent de leurs contempteurs, et que le Public n'ait pas hautement vengés en recourant à ses plus douces prérogatives, quand il s'agit de réparer des injustices ?

Cela dit, craignons, fuyon sle destin de ces écrits fort sages et fort ennuyeux, que l'atticisme effraie, et qui, refusant le sel de l'épigramme à des mets sans saveur, procèdent comme si la pesanteur spécifique comptait pour tout dans la balance. Ils feraient croire que tous les genres sont bons, hors le genre indigeste. Lit-on, aujourd'hui, la Critique du *Cid,* ces *Sentiments de l'Académie française,* que Labruyère jugeait « l'une des meilleures critiques qui aient été faites sur aucun sujet? » Elle était savante, pourtant. Eh bien! empêche-t-elle que la palme du *Cid*

Croisse et s'élève encore au sommet du Parnasse?

Mais lorsque le premier, le plus beau de tous les livres n'a point, lui non plus, échappé à ce besoin renaissant des Lettres qui cherchent la perfection, de quel droit quelqu'un espérerait-il se mettre au-dessus d'Homère? L'examen n'est-il pas déjà un grand honneur? Et s'il soulève de lumineuses remarques, de judicieux avis; s'il double le succès des beautés par l'initiation des profanes; s'il rend meilleur le médiocre; s'il donne la vie à ce qu'il approuve; si son aiguillon même a le pouvoir du fil d'Ariane, au milieu de tant de labyrinthes, est-il donc si coupable, qu'on doive le haïr au lieu de l'honorer? Vaudrait-il mieux le dédain de la pitié, le mépris du silence?

Prions, plutôt, pour qu'on ressaisisse un droit bien supérieur à celui qu'à la porte on achète en entrant, car il est pur de tout contact matériel, et son exercice ne trouble pas la paix publique, ne choque en rien l'urbanité des mœurs, *le droit de la Critique.*

C'est là qu'est l'urgence. Autrement, lois, décrets, ordonnances, arrêtés, seront inutiles. Toutes ces choses organisent et n'instruisent point. On discipline certaines parties de la matière administrative, on ne réglemente pas les dons intellectuels. A la Critique réfléchie, mémorative et difficile, telle que l'ont subie les plus beaux talents, appartient le pouvoir de ramener les Auteurs et les Comédiens au terme de leur tâche. Le reste se réformera de soi, par la tendance perpétuelle du bien à l'emporter sur le mal, et comme on voit les soldats se précipiter à l'assaut, quand les chefs arrivent les premiers sur la brèche.

Je le dis tout haut : Par sa défection, la Critique a *tué le théâtre*. Les craintes salutaires qu'elle inspirait, étaient les sauve-gardes de son honneur. Les hideuses libertés qu'elle ne flétrit pas, deviennent positivement son ouvrage. Quand on aurait pu l'empêcher, on est le véritable auteur du mal qu'on a laissé faire. Songez-y : c'est grave, et l'opinion publique est souveraine !

Et que dire des licences que la Critique applaudit?... Comme, dans ce tohu-bohu, où dominent les Claqueurs littéraires, elle seule présente des garanties, c'est à elle seule que remonte la cause de toutes les calamités. Les autres ne sont que secondaires.

Qu'elle reprenne donc magistralement sa férule, et j'ai, de mon pays, cette opinion que, de tant d'élèves admis au concours où se débat *l'Accessit*, sortiront plus de *Grands-Prix*, que des forêts de lauriers ne pourraient fournir de couronnes.

Plaudite lentè, dit le Dieu du goût :

Du milieu de mon peuple exterminez les vices,
Et vous viendrez après m'offrir des sacrifices.

La grande sévérité comprime l'essor, dites-vous. Eh non ! c'est l'indulgence banale. Admettons, pour un instant, les deux propositions à titre *d'excès*. Prenons, d'un côté, un écrivain, et, de l'autre, un artiste, également persuadés que chacun a sa mission. Que fera la sévérité excessive ? Elle les poussera à l'étude sans relâche, dans l'espérance, qu'ils auront, de la désarmer en progressant, parce que les obstacles n'ont jamais rebuté l'homme appelé. Molière a dit

> Que les difficultés dont on est combattu
> Sont les dames d'honneur qui parent la vertu.

L'indulgence banale, au contraire, les détournera d'un travail devenu inutile, du moment que Pangloss tient la plume, et qu'à l'avance *tout est bien*. L'essor comprimé vient donc de *l'éloge facile*, en ce que ce dernier absorbe l'émulation et lâche la bride au coursier, qui s'arrête ; tandis que *le blâme exagéré* stimule le désir d'arriver, par l'activité de l'éperon qu'il tient si près des flancs.

Dans la République des lettres, cette sévérité, quand on peut l'appeler *la Sultane juste*, est fille des bonnes mœurs ; et *l'Éloge-de-tout*, de quelque esprit qu'il se décore, ne sera jamais que le bâtard de la prostitution.

A l'une, la grandeur ! A l'autre, la décadence ! Choisissez.

Mais point d'excès. De la justice, et tout sera mieux.

Ce va-et-vient perpétuel d'admirations frénétiques, d'hyperboles remplis d'extravagances, convenues, stéréotypées, inévitables et réciproques, chagrine le philosophe, ami de ses semblables,

> Qui, les deux bras croisés, du haut de sa pitié,
> Voit les assassinats commis par l'amitié.

Une chose remarquable pour la minéralogie lit-

téraire, c'est que, depuis l'invention des plumes en
fer, on se livre davantage au plaisir d'écrire avec
les autres.

En l'état actuel, pourquoi travaillerait-on, quand
on sait que, dans tous les cas, à tort et à travers,
l'encensoir vous approximera le visage? Demain,
mademoiselle Rachel, qui a tant besoin d'apprendre
à douter, peut jouer Scapin ou M. Purgon tout aussi
tranquillement qu'elle a déblatéré contre *la Mar-*
seillaise, et la gentille personne en question, la
Critique blonde et rose, la jugera, tout bonnement,
sublime. Zeste!

Oh! que bien autrement se conduisaient nos
maîtres en journalisme!.... Un jour, il advint que,
dans *les Maris garçons*, où Elleviou venait d'être
ravissant de tous points, Geoffroi écrivit qu'il l'a-
vait trouvé *agréable.* Et Elleviou fut si flatté de cet
éloge, qu'il voulut aller en faire ses remercîments
au feuilletonniste.

Aussi, ceux-là se formaient, se dirigeaient sans
cesse vers le progrès et laissaient des noms.

Après la sobriété de l'anachorète, la gloutonnerie
de Gargantua! Toujours et partout, des contrastes :

Une chose difficile à dire.

Et que n'aurait-on pas à lui demander, à cette
Critique (aux endroits où s'élargissent les excep-
tions), si, plus étourdie que coupable, mais pour

tant bien dangereuse, elle essayait de répondre à un reproche qu'elle ne croit sans doute pas mériter?

Quoi! lui dirait-on, vous ne vous souvenez point que, dans l'humanité, les arts, la civilisation, tout s'enchaîne, se soutient ou périt, suivant qu'on y prête secours ou qu'on y dirige ses attaques, et que *les mœurs* sont la clé de voûte des sociétés, si elles ne sont les sociétés tout entières. Et lorsqu'elles implorent votre juste sévérité contre quiconque en est notoirement l'offenseur, non seulement vous ne tonnez pas, mais, d'un air oublieux qui vous accuse, vous recourez à la plus large de vos boîtes à indul-gences, à la câlinerie de vos plus douces paroles pour chanter les louanges de *l'infamie*, et l'enga-ger à bien soigner la toilette de ses turpitudes, comme si vous ne les détestiez pas à l'égal des plus abominables horreurs! Ce ne sont point des hom-mes qui vous occupent, et, par le choix de vos ex-pressions à la bergamote, vous semblez prendre à tâche de faire croire que c'est de femmes que vous nous parlez!....

Eh bien! madame *la Critique*, savez-vous où viennent aboutir ces faiblesses, ces inconséquences de votre plume, disant autre chose que ce que vous pensez? A la propagation des mœurs les plus cor-rompues, qui, dans la fange où elles croupissent, se font un titre de vos éloges, une arme contre l'honnêteté publique, et voient si bien un brevet dans vos encouragements, qu'elles cherchent à le faire valoir en justice. Dès lors, elles pullulent.... A qui la faute?

C'est là, cependant, qu'il y a véritablement *un principe.* Pourquoi donc le déserter? Ne pas défendre les mœurs en péril, quand on a tous les moyens de le faire, c'est se rendre le complice impardonnable des crimes qui les y mettent.

Mais approuver, flatter, servir, récompenser les corrupteurs, quand le fer rouge d'une Critique indignée produirait, sur ces hontes, telle cautérisation qu'au moins elle les rendrait plus rares, c'est affreux.

Puisqu'il est dans nos fragilités d'avoir sans cesse à choisir entre les extrêmes, allons plus avant. La partialité, si condamnable partout ailleurs, ne trouverait-elle pas son excuse dans une guerre à outrance qu'elle aurait reconnue pour l'arme la plus sûre contre de pareils déportements? Elle s'annoblirait. Et qui donc se plaindrait du sacrifice de quelques réputations, s'il y en a, et définitivement transitoires, lorsque la noble cause des *mœurs* en retirerait de si grands avantages? Mais non! l'équité n'est jamais privée des moyens de faire le bien. Qu'elle le veuille, et il s'accomplira.

Les gens de lettres de toutes les époques importantes, ont déposé dans l'urne de l'honneur, un vote de conscience et d'indignation contre l'insolente audace de cet opprobre; ils ont voulu que la poésie, dont les archives gardent et perpétuent plus

sûrement les titres, le transmit à leurs descendants,
pour que cette haine vigoureuse devint, à tout jamais, le Palladium des bonnes mœurs. C'est aux
sommités du vice que leur courage est allé le prendre, afin de n'avoir plus, au retour, qu'à toucher
les dépravés subalternes, pour les écraser. Ainsi,
l'éclat d'un trône, loin d'effrayer Palissot, ne fit
qu'enflammer son ardeur, en lui inspirant ces vers,
adressés à Frédéric II, et endossés par le duc de
Choiseul, ministre. Voici quelle était la circonstance :

Louis XV, critiqué en vers sur l'importance et
le bruit de ses affaires de boudoir, par Frédéric II,
trouve, dans le poète, un défenseur qui ne mar-
chande pas les termes, et dont la verve, exempte
de bégueulerie, dit tout net, au roi mal avisé :

> Jusques là, censeur moins sauvage,
> Souffre l'innocent badinage
> De la nature et des amours.
> Peux-tu condamner la tendresse,
> Toi qui n'en as connu l'ivresse
> Que dans les bras de tes tambours?

Et toi, Critique efféminée, qui mets du blanc,
du rouge et des mouches et qui prends ta plume-
Pompadour, quand tu veux parler de ces infâmes,
toi, dont les intentions sont si bonnes et les erreurs
si fautives, tu continuerais ce jeu détestable de ton
esprit si bien fait pour nous plaire ! Non ; et, déjà,
je te vois venir à résipiscence.

Sous cette terrible atteinte, Frédéric, *le grand*, se rapetissa de cent coudées.

N'épaississez donc pas la boue. Dissolvez-la, plutôt, et laissez dire les cyniques; il est beau de s'enrôler soldat de la morale, dût-on en mourir mitraillé. Tout n'est pas dans la vie.

Que sont devenues les idées qui surgissaient de la vie simple et retirée des Comédiens d'une autre époque? Les bals, les fêtes, les chevaux, les voitures, le bois de Boulogne, le lansquenet et les soupers (toutes choses excellentes en leur lieu) n'occupaient pas exclusivement les imaginations artistiques.

Nouvellement marié à madame Petit-Vanhove, aujourd'hui comtesse de Chalot, Talma, après avoir joué, s'en allait, du Palais-Royal, à la rue de Seine, bras dessus, bras dessous, avec sa femme, et préludait, par un classique potage, à la longue durée d'une nuit sans agitation. Peut-être même, *horresco*! usait-il du nocturne couvre-chef de nos pères, que nous avons, aujourd'hui, si inhumainement, privé de ses droits civils.... Par bonheur, ce n'est qu'une supposition.

Et Lekain, qu'à vrai dire, on accusait d'un peu de parcimonie, se levait de la table où il avait réuni ses convives, pour aller prendre, en cachette, un petit verre de liqueur, dont l'usage, réservé pour ces sortes de cas, attestait du moins que le luxe de ce régal n'était point ordinaire.

Riez, tant que vous voudrez, de ces mœurs, messieurs les frondeurs. Elles ont abrité d'immenses talents, elles ont doté le pays de renommées éternelles. A pareil prix, désirons leur retour.

En ce temps-là, malgré les étonnants mérites des artistes dramatiques, les applaudissements leur étaient mesurés. On ne leur jetait point de fleurs; la bouquetière ne connaissait pas le commerce des couronnes, et le *redemandage* eût paru la chose la plus absurde, une exigence fort désobligeante, et même en dehors des droits du spectateur. Mais, maintenant que le dernier petit clerc sait ce que coûtent, et à qui elles coûtent, ces marques d'un enthousiasme gelé et morfondu, on s'étonne que la spéculation de l'amour-propre n'y ait pas encore renoncé. Voyez-vous ce monsieur quelconque, assistant à une pièce toute nouvelle, ou à un rôle que l'actrice n'a pas encore joué, et qui, par divination, s'est muni, comme Lessoufflé, le bénéficiaire, d'une couronne que *va mériter* mademoiselle Rachel! Ses voisins, qui ricanent, en sont à s'écrier, avec la baronne de Vieuxbois : « *Vous nous prenez donc pour des grues, nous autres gens de province!* »

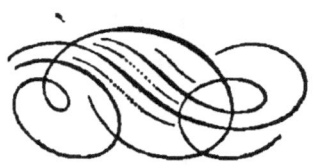

UN OUBLI.

A propos ! Les thuriféraires n'y pensent pas. Il y a encore à dédier à la glorification de mademoiselle Rachel, *les pigeons blancs*, lâchés dans la salle, à la manière italienne. Le monsieur qui les apporterait dans leur cage, serait bien plus intéressant que celui de la *couronne* ! La rampe et le lustre, venant en aide à l'adoration préméditée, l'holocauste de quelques oiseaux voyageurs rapprocherait le culte de l'idole, de celui des anciens, et chaque sacrificateur, se croyant un Calchas, l'orgueil de tous se trouverait gorgé jusqu'à suffocation. C'est d'Italie que viennent aussi le *redemandage* et les *bouquets*. Eh ! vite ! eh ! vite ! messieurs de l'enthousiasme, au colombier !

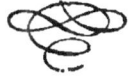

CONCLUSION.

Née avec de grands avantages, mademoiselle Rachel vient de nous apparaître destituée de presque
tous ceux dont le développement l'eût associée à
nos artistes dramatiques les plus célèbres. De tous
les motifs de cette exhérédation, je n'ai voulu en
accuser que deux : l'absence du pouvoir fondamen-
tal que donne la lecture aux éducations les plus
défectueuses, et les poisons parfumés de la flatterie
qui ont éloigné de la tragédienne les conseils de l'a-
mitié véritable et les avertissements de la Critique .
sincère. Les autres motifs se produiront bien tout
seuls. Je crois avoir démontré ce que je me suis engagé à prouver : que mademoiselle Rachel n'a
qu'une forme physique, uniquement variée par les
habits ; un seul jeu, ourdi de petites misères, de
manéges insidieux ; une seule voix composée de
roueries acoustiques, et une seule diction, sillon-
née par toutes les bourrasques soufflant des quatre
points cardinaux pour donner à mugir aux ébahis-
sements des Claquetins. Quant au *Costume*, pris
dans le sens de l'économie générale du théâtre, on a
vu si cette tragédienne y comprend la moindre chose.

Dans ces circonstances, ne devait-il pas se rencontrer un écrivain, exempt des fréquentations qui
enchaînent, des influences qui paralysent, lequel,

sans se poser en fougueux redresseur de torts, en ennemi d'un succès qu'après tout, le théâtre et le monde doivent désirer, osât présenter le miroir à l'erreur et lui dire : « *On te trompe. Regarde. Laisse tomber le bandeau et essuie ton fard*; *l'avenir est à ce prix?* »

UN LIVRE A FAIRE.

Quels services n'aurait-on pas rendus aux dévoués serviteurs de l'art théâtral, si, à toutes les époques saillantes, on avait saisi, analysé, minutieusement consigné, rôles par rôles, ce que les grands comédiens y ont mis de leurs recherches studieuses ! Préparations, soudainetés, jeux muets, points de suture, modifications, suppléments du geste et du visage, brillantes enluminures de détails sans paroles; enfin, ce qu'ils ont fait de transmissible, et par quels moyens ils l'ont fait; leurs fautes même, les égarements de leur zèle, les calculs de leur esprit déçu, voilà ce qu'il eût été bon de garder. Si un pareil daguerréotype nous avait conservé le recueil des actes de l'exécution théâtrale, éclairée et soigneuse, ces modèles, qui vont s'effaçant de la mémoire des hommes, vivraient encore parmi nous, seraient là pour ouvrir aux acteurs *le rudiment de la profession.* Tels d'entre ces derniers, qui ne travaillent pas, faute de savoir s'y prendre, et parce qu'ils n'ont point de guides, se feraient un plaisir du labeur dont leurs camarades d'autrefois leur fourniraient les éléments. On le fait bien pour la *mise en scène*, qui, certes, touche de moins près à l'art en lui-même. Je voudrais avoir donné cette idée et m'être rendu utile par le bien que feraient les continuateurs. Ce livre manque à l'histoire du théâtre. Je l'indique.

· FIN.

Par la publication de ces remarques, on ne prétendra pas que je donne un exemple du *vexat censura columbas*, de Juvénal, car je m'adresse à l'actrice hors ligne, par conséquent la plus abondamment pourvue de moyens de défense et qui doit voir foudroyer mes arguments, si la base en est fragile ou si les motifs n'en sont pas consciencieux. Je lui ai dit, du mieux que je l'ai pu, le *pourquoi* des choses et le *comment* de ce qu'il y aurait à faire. Je ne saurais davantage.

Sujet à l'erreur aussi, je m'inclinerai devant de plus habiles. Ils sont nombreux. Mais, entre tous, ils n'auront pas de meilleures intentions que les miennes. Je défendrai ce succès.

Pour que cet Ecrit échappât à la pression qu'exerce sur lui son titre, et qu'il ne fût pas seulement consacré à *la Tragédienne-principe*, j'ai dû généraliser les préceptes et m'appuyer des exemples. Je me suis servi de ce que mademoiselle Rachel ne fait pas bien, pour dire ce que d'autres réalisaient mieux, et apprendre aux successeurs à ne se rapprocher que des modèles. Ainsi, il ne serait pas impossible qu'un ouvrage, qui aurait paru ne devoir concerner qu'une personne, s'étendît, par l'indulgence des lecteurs, à des intérêts analogues et leur devînt profitable. Je le désire. *Ab una, disce omnes.*

La Camaraderie a dit : « Mademoiselle Rachel est mon *principe* ; moi, je dis : Mademoiselle Rachel est mon *prétexte.* »

Selon les prévisions, *la Déesse*, empruntant à Lefranc de Pompignan, ses *torrens de lumière*, les *versera* sur le *blasphémateur*, rien qu'en *parcourant sa carrière.* Mais ce dernier déclare et soutient que tant qu'elle ne s'instruira pas, tant qu'elle se bornera à mâcher dans le vide les vers de nos plus illustres poètes dramatiques, ses torrens ne seront que des *torrens d'ignorance*, dont nos jeunes gens feront bien de se préserver, car ils leur seraient mortels.

Mais tout n'est pas perdu. Mademoiselle Rachel est jeune. Une sorte d'expérience l'éclaire ; les jours de la réflexion sont arrivés. Elle entend la *vérité* pour la première fois. Elle a des fibres à son cœur de femme, et les aspirations vers la solide gloire, peuvent encore s'éveiller en elle.

Quant aux *Moutons de Panurge*, dont il est cas dans la lettre qui me sert de préface, je laisse à Voltaire le soin de leur rappeler quelques-unes des choses qu'il a dites, en parlant de *la Calomnie.* Ces bons *moutons.*

Si, par hasard, quelque personne honnête,
D'un sens plus droit et d'un goût plus heureux,
Des bons écrits ayant meublé sa tête,
Leur fait l'affront de penser, de voir mieux,
Tout aussitôt, leur stupide cohue,
D'étonnement et de colère émue,
Bruyant essaim de frélons envieux,
Pique et poursuit cette abeille charmante,
La Vérité, dont le dard leur présente
Ce miel si pur et si peu fait pour eux.

Si, mieux informés du vrai chemin, les susdits *moutons* continuent d'aller à travers champs, et s'ils bêlent encore sur le même ton qu'auparavant, c'est qu'ils sont incorrigibles. Il ne restera qu'à les parquer de telle façon qu'ils ne puissent, désormais, vaguer sur le territoire de la Commune ; et, une fois rentrés chez eux, il n'y aura plus de danger à les envoyer paître.

On a vu, plusieurs fois, dans le cours de cet *Examen*, quelle est la cause efficiente du mal, et celle qui réagit, par l'excès de ce malheur même, sur toutes les autres : la tragédienne NE SAIT PAS ASSEZ, *les fondations manquent à l'édifice*.

Si donc j'avais accès près de mademoiselle Rachel, (ce dont me garde Melpomène protectrice !) Je lui dirais, en renfermant dans un mot, un seul, tout ce qu'elle doit faire pour rentrer sur la voie, et pour devenir fameuse, à son tour :

Etudiez.

TABLE DES MATIÈRES.

Paris. — Typographie BUREAU, 14, rue Gaillon.

www.ingramcontent.com/pod-product-compliance
Lightning Source LLC
Chambersburg PA
CBHW071555220526
45469CB00003B/1028